DEUTSCHLAND
KONSTANZ
Friedrichshafen
Kempten
Bodensee
Lindau
Bregenz
Sonthofen
Kreuzlingen
Zürich
Winterthur
Wil
Stiftsbibliothek
ZÜRICH
St. Gallen
Altstätten
Appenzell
Zürich Region
Ostschweiz
Feldkirch
ÖSTERREICH
Thur
Rapperswil
Walensee
LIECHTENSTEIN
Zug
Einsiedeln
Näfels
Schwyz
Bad Ragaz
Landquart
Urner see
Glarnerland
Ringelspitz 3247
Braunwald
Altdorf
Rhein
Chur
Piz Buin 3312
Klausenpass 1948
Unterengadin
Davos
Titlis 3238
Ilanz
Flüelapass 2383
Zernez
Wassen
Disentis/Mustér
Graubünden
Piz Kesch 3418
Nationalpark
Andermatt
Vals
Via Mala
Bergün
Gotthardpass 2108
Pso. del S. Bernardino 2065
St. Moritz
Pontresina
Fusio
Sils
Tessin
Biasca
Poschiavo
Tessiner Alpen
Locarno
Bellinzona
Sondrio
Èdolo
Ascona
Lago di Como (Lario)
Lago Maggiore (Verbano)
Lugano
ITALIEN
Verbania
Lago di Lecco
Lecco
Darfo
Lòvere
Varese
Como
Lago d'Iseo

SCHWEIZ

DER AUTOR

Gunnar Habitz arbeitete lange Jahre in Zürich als internationaler Manager in der IT-Branche. Der Schweizer Autor mit Bremer Wurzeln studierte in Zürich Wirtschaftsingenieurwesen und veröffentlichte zahlreiche Reiseführer über die Schweiz, den Bodensee und Tschechien sowie Reiseberichte aus aller Welt. Von ihm stammt auch ein Hotelführer zu Graubünden (www.habitz.ch).

www.vistapoint.de

Top 10 & Willkommen

Chronik

Stadttour Zürich mit Detailkarte

Vista Points – Sehenswertes

Reiseregionen, Orte und Sehenswürdigkeiten

Service von A bis Z

Extras – Zusatzinformationen

Zeichenerklärung

Top 10
Das müssen Sie gesehen haben, siehe vorderer innerer Umschlag und hintere Umschlagklappe.

Vista Point
Reiseregionen, Orte und Sehenswürdigkeiten

Symbole
Verwendete Symbole siehe hintere innere Umschlagklappe.

Kartensymbol: Verweist auf das entsprechende Planquadrat der ausfaltbaren Karte bzw. der Detailpläne im Buch.

Willkommen in der Schweiz

Grüezi mitenand! Herzlich willkommen im Schmuckstück Westeuropas. Das wohl abwechslungsreichste Land des Kontinents besteht aus einem ansprechenden Mix von schneebedeckten Alpen, Gletschern, tiefblauen Seen, friedlichen Landschaften und historischen Städten.

Die Confoederatio Helvetica besteht sprachlich aus der größeren Deutschschweiz, der Französisch sprechenden Romandie im Westen, dem italienischen Tessin im Süden sowie den Berggebieten in Graubünden, in denen sich die Bündner teilweise auf Rätoromanisch verständigen. So unterschiedlich die Sprachen, so verschieden auch die Mentalitäten in dem neutralen Land, das in 26 Voll- und Halbkantone unterteilt ist und in dem die Bürger etwa viermal im Jahr in direkter Abstimmung über ihre Geschicke selbst entscheiden.

Das Angebot für Aktivurlauber reicht quer durch die Jahreszeiten von Bergwandern bis Wintersport, von Radtouristik bis Reiten und von Angeln bis Rodeln. Die häufig naturbelassene

In Zürich verlässt die Limmat den Zürichsee, rechts im Bild das Fraumünster

Landschaft lässt sich eindrucksvoll bei Ferien auf dem Bauernhof oder auf der Alm erleben.

Dieses Buch ist, unabhängig von den Schweizer Kantonen, in zwölf touristisch erlebbare Regionen eingeteilt und pickt die wichtigsten Orte, Passstraßen sowie Sehenswürdigkeiten heraus. Das Wallis und Graubünden stehen für die Bergkantone, das Tessin gilt als Sonnenstube der Schweiz, während die Zentralschweiz die Wiege der Urkantone ist. Die Region um den Genfersee, das zweisprachige Freiburg sowie Neuenburg und Jura stellen die Romandie dar, den attraktiven französischsprachigen Teil der Schweiz. Die Vorstube der Alpen kann am besten im Berner Oberland bewundert werden, während die Bundesstadt Bern zum Schweizer Mittelland gehört. Bleiben noch die nördlichen Regionen um Basel, Zürich und die Ostschweiz mit dem Fürstentum Liechtenstein. Zürich als Wirtschaftsmetropole und heimliche Hauptstadt ist den Regionen vorangestellt.

Erobern Sie ein wunderschönes Land, das in seiner Vielfalt in wenigen Tagen gar nicht vollständig bereist werden kann, also kommen Sie doch einfach mal wieder!

Daten zur Landesgeschichte

»Der Rütlischwur« (1780) auf einem Gemälde des Schweizer Malers Johann Heinrich Füssli

4. Jh. v. Chr. Die Kelten besetzen von Westen kommend das Gebiet der heutigen Schweiz. Im Jahr 58 v. Chr. werden sie auf dem Weg nach Südfrankreich von Cäsars Armee bei Burgund zurückgeschlagen.

1. Jh. v. Chr. Die Römer ziehen die ersten Passrouten und unterwerfen den Alpenraum 15 v. Chr.

1.–5. Jh. n. Chr. Bis zum Einfall der Alemannen in die Nordschweiz dauert die friedliche Kolonisierung durch die Römer, deren Spuren zwischen Basel und Zürich und zwischen Lausanne und Neuchâtel (Neuenburg) noch heute sichtbar sind.

5.–9. Jh. Die Franken unterwerfen Alemannen und Burgunder, damit wird das Gebiet der heutigen Schweiz ein Teil des Frankenreichs unter Karl dem Großen und gehört auch zum Heiligen Römischen Reich Deutscher Nation. Im Anschluss an den Untergang des Frankenreichs bilden sich einzelne Herrschaften der vorherrschenden Adelshäuser Habsburg, Savoyen, Kyburg und Zähringen heraus.

1264 Der später zum deutschen König gewählte Rudolf I. von Habsburg regiert über große Teile des Landes und setzt mächtige Vögte zur Verwaltung der Gebiete ein.

1291 Der Legende nach sichern sich drei Männer der Kantone Schwyz, Uri und Unterwalden mit dem berühmten Rütlischwur gegenseitige Hilfe im Kampf gegen die Vögte zu und begründen so die schweizerische Eidgenossenschaft.

1315 Das habsburgische Heer wird bei Morgarten geschlagen.

Ansicht von Basel in der Schedelschen Weltchronik (1493)

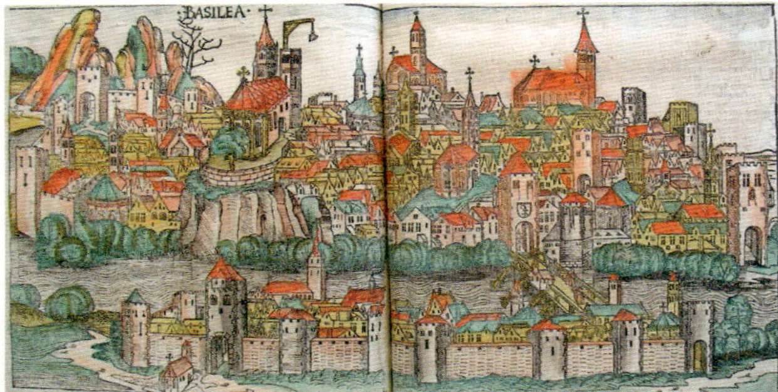

Zeitgenössisches Porträt des Zürcher Reformators Huldrych Zwingli (1531, Kunstmuseum, Winterthur)

1322–53 Weitere Gebiete kommen zu den drei Urkantonen hinzu: Luzern, Zürich, Glarus, Zug und Bern. Dadurch steigen die Spannungen mit dem habsburgischen Österreich, das die Schweiz unterwerfen möchte.

1474 Österreich erkennt den eidgenössischen Status an und schließt Frieden. Auf ausländischen Kriegsschauplätzen kämpfen Schweizer Söldner gegen die eigenen Landsleute.

1481 Solothurn und Freiburg werden in den Bund aufgenommen.

1499 Nach dem Sieg über den Schwäbischen Bund wird die Eidgenossenschaft offiziell vom Heiligen Römischen Reich Deutscher Nation getrennt.

1501–13 Basel, Schaffhausen und später Appenzell treten den bisherigen zehn Kantonen bei.

1516 Seit dem Frieden mit Frankreich setzen die Eidgenossen auf Neutralität.

1519–23 Huldrych Zwingli beginnt mit seinen Reformen am Zürcher Grossmünster. Etwa die Hälfte der Kantone wird reformiert, die übrige Hälfte rund um die Urkantone bleibt katholisch.

1536 Bern befreit Genf von den Savoyern, dadurch dehnt sich das Gebiet des Bundes um das heutige Waadtland aus. Der Franzose Jean Calvin beginnt die Reformation in Genf.

1618–48 Der Bund bleibt auch im Dreißigjährigen Krieg neutral und wird beim Westfälischen Frieden als europäischer Staat anerkannt.

1798 Die Franzosen besetzen die Schweiz und teilen Genf, den Jura und Mühlhausen Frankreich zu.
Statt der Eidgenossenschaft wird die Helvetische Republik ausgerufen.

1803 Napoleon wandelt das Land nach nur fünf Jahren Einheitsstaat wieder in einen Staatenbund aus teilweise souveränen Kantonen um. Zugleich werden dem Bund die Gebiete Aargau, Graubünden, St. Gallen, Tessin, Thurgau und Waadtland (Vaud) als weitere Kantone hinzugefügt.

Jean Calvin, Begründer des Calvinismus

1882: Lokomotive mit Arbeitern vor dem Eisenbahn-Scheiteltunnel durch den Gotthard

1815 Auf dem Wiener Kongress wächst die Anzahl der souveränen Kantone um Genf, Neuchâtel (Neuenburg) und das Wallis auf 22 an. Der Schweiz wird im Frieden zu Paris Neutralität zugesichert.

1848 Die Schweiz erhält eine neue Bundesverfassung, durch die aus dem Staatenbund ein Bundesstaat wird.

1864 Die Genfer Konvention wird durch Henri Dunant begründet, das Rote Kreuz entsteht.

1882 Feierliche Einweihung des Eisenbahn-Scheiteltunnels durch den Gotthard.

1914–18 Die Schweiz bleibt im Ersten Weltkrieg trotz Mobilmachung neutral und pflegt Verwundete der Mittelmächte.

1920 Beitritt zum Völkerbund, der erstmals in Genf tagt.

1939–45 Die Schweiz bewahrt im Zweiten Weltkrieg ihre Neutralität und nimmt Verwundete aller Nationen auf.

1948 Die UNESCO nimmt die Schweiz auf.

1963 Der Europarat nimmt die Schweiz als 17. Mitglied auf.

1979 Der Jura spaltet sich von Bern ab und wird ein eigener Kanton mit der Hauptstadt Delémont.

1980 Hausbesetzungen in Zürich, Bern und Basel mit Kämpfen zwischen Jugendlichen und der Polizei.

1986 Das Stimmvolk spricht sich gegen einen UNO-Beitritt aus. Unfälle in den Basler Chemiewerken Ciba-Geigy und Sandoz verseuchen den Rhein bis zur Nordsee.

1988 Das Konzept »Bahn 2000« plant die Modernisierung des Bahnwesens und wird im Jahr 2004 verwirklicht.

1990 Nach der vergleichsweise späten Einführung des bundesweiten Frauenwahlrechts 1971 erhalten die Frauen in Appenzell Ausserrhoden erst jetzt das kantonale Wahlrecht.

1991 In Bellinzona wird die 700-Jahr-Feier der Schweiz eröffnet. Das Volk stimmt der Neuen Eisenbahn-Alpentransversale (NEAT) und damit dem Bau des wichtigsten Eisenbahntunnels Europas zu.

1992 Das Schweizer Stimmvolk lehnt einen Beitritt zum Europäischen Wirtschaftsraum (EWR) ab.

1996 Rätoromanisch wird offizielle Teilamtssprache in den entsprechenden Gebieten in Graubünden.

1997 Erstmals veröffentlicht die Schweizerische Bankiervereinigung eine Liste mit den Namen der Inhaber von Nummernkonten aus dem Zweiten Weltkrieg.

2001 Mit der Swissair geht ein Schweizer Aushängeschild durch Überschätzung und Managementfehler zugrunde.

2002 Die Schweiz tritt nach erneutem Volksentscheid nun doch der UNO bei.

2003 Die bilateralen Verträge mit den einzelnen EU-Staaten werden verwirklicht, dadurch wird sowohl die Zuwanderung von Arbeitswilligen in die Schweiz als auch das Arbeiten im Ausland für die Schweizer vereinfacht.

2008 Die Schweiz richtet gemeinsam mit Österreich die Fußball-Europameisterschaft aus.

2009 Das Schengener Abkommen findet auch in der Schweiz Anwendung, die Personenkontrollen fallen weg, Warenkontrollen bleiben bestehen.

2011 Die UNESCO nimmt historische Pfahlbauten im Alpenraum in das Weltkulturerbe auf.

2014 Das Schweizer Volk befürwortet die begrenzte Zuwanderung von Ausländern unter Protest der EU.

2015 Die Aufhebung des Euro-Mindestkurses führt zu wirtschaftlichen Turbulenzen, Stellenabbau und Einkaufstourismus im Ausland.

2016 Im Juni eröffnet der 57 Kilometer lange Gotthard-Basistunnel, der längste Eisenbahntunnel der Welt.

2021 Die Schweiz sagt mit 64,1 Prozent Ja zur Ehe für alle. Gleichgeschlechtliche Paare können ab dem 1. Juli 2022 auch in der Schweiz heiraten. Mit der Ehe für alle wird auch die gemeinsame Adoption für homosexuelle Paare möglich.

2023 Ein Lawinenrutsch droht das Städtchen Brienz am gleichnamigen See einzunehmen, doch dieses wird im letzten Moment verschont. ■

2016: Eröffnung des längsten Eisenbahntunnels der Welt, des Gotthard-Basistunnels

Ein Rundgang durch die helvetische Wirtschaftsmetropole

»Little Big City« – der einstige Slogan trifft für die heimliche Hauptstadt der Schweiz immer noch zu. Zürich zählt nur 428 000 Einwohner und verfügt mit knapp 92 Quadratkilometern über eine im Vergleich zu anderen europäischen Metropolen geringe Fläche.

An den hiesigen Großbanken und mehr als hundert ausländischen Bankhäusern sowie den Versicherungen wird jedoch etwa ein Viertel des weltweiten Vermögensverwaltungsgeschäfts abgewickelt. Zürich ist also ein internationaler Finanzplatz und zählt so gesehen zu den Weltstädten.

Zieht man den Ballungsraum rund um Zürich und den Zürichsee hinzu, leben in dem gesamten Wirtschaftsraum über eine Million Men-

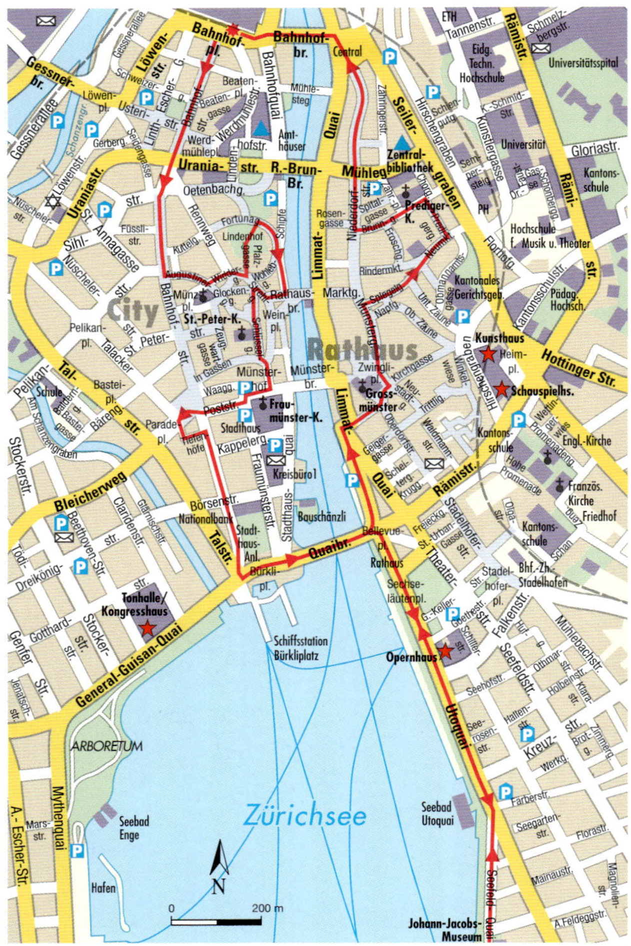

schen. »Züri« gilt als multikulturell, der Ausländeranteil beträgt 30 Prozent, die größten Gruppen stellen darunter Deutsche und Italiener.

Die meisten Firmen haben in und um Zürich ihren Hauptsitz, die Medienwelt von der Neuen Zürcher Zeitung (NZZ) bis zum Schweizer Fernsehen ist ebenfalls an der Limmat verwurzelt. Entsprechend kommt Zürich mit seinem dichten Bahnnetz und dem internationalen Flughafen Zürich-Kloten als Verkehrsknotenpunkt eine überregionale Bedeutung zu.

Der »Blaue Engel« von Niki de Saint Phalle in der Zürcher Bahnhofshalle

Die auf 408 Metern Meereshöhe gelegene Stadt mit Blick auf die Alpen wird von ihren Bewohnern allerdings nicht unbedingt als Wirtschaftsmetropole wahrgenommen, sondern vor allem als ein Ort, in dem es sich sehr angenehm leben lässt. Häufig landet Zürich bei weltweiten Umfragen bezüglich der Zufriedenheit seiner Einwohner noch vor dem lässigen Vancouver an Kanadas Westküste oder dem sonnigen Melbourne in Australien auf dem ersten Platz. Das überschaubare Zentrum erstreckt sich vom Hauptbahnhof bis zum Zürichsee auf beiden Seiten der Limmat, im Westen durch die Sihl und im Osten durch den Seilergraben begrenzt.

Wir beginnen unseren Rundgang am **Hauptbahnhof** ➡ eA2, für viele Reisende die erste Begegnung mit dem Zentrum. Der monumentale Bau aus dem Jahr 1871 im Stil des Neoklassizismus wird von der Figur »Helvetia« gekrönt. Längst fahren die Züge nicht mehr in die Haupthalle hinein, die stattdessen als überdachter Platz für den Weihnachtsmarkt mit großem Baum, für Sommerkino und andere Veranstaltungen dient. Unterhalb des Bahnhofs lockt das Shop-Ville auch spät am Abend und am Wochenende mit einer Vielzahl von Geschäften, während in

Die beiden markanten Türme des Grossmünsters prägen die Zürcher Stadtsilhouette

Prominent mitten in der City: die Arkaden an der Bahnhofstrasse/ Börsenstrasse in Zürich

der Haupthalle Brasserien und Restaurants zum Verweilen einladen. Vor dem Hauptbahnhof thront die Statue von Alfred Escher, dem Gründer der Schweizerischen Kreditanstalt (der heutigen Credit Suisse), der auch als Staatsmann und Gründer der Gotthardbahn in die Geschichte einging.

Entlang Eschers visionärem Blick führt die **Bahnhofstrasse** ➡ eA3-eD3 einen guten Kilometer bis zum Zürichsee. Sie gilt noch immer als eine der nobleren Einkaufsmeilen Europas, auch wenn inzwischen besonders im vorderen Teil vermehrt Geschäfte der Mittelklasse Einzug gehalten haben. Weitgehend autofrei erlaubt der Boulevard einen ausgedehnten Bummel. Zur Sauberkeit der Stadt wird gern der irische Schriftsteller James Joyce zitiert: »Zürich ist so sauber, dass man eine auf der Bahnhofstrasse ausgeschüttete Minestra ohne Löffel wieder aufessen könnte.«

Von der Shoppingmeile verzweigt hinter dem Rennweg nach links die pittoreske **Augustinergasse** ➡ eB3 mit ihren charakteristischen Erkerhäusern. Ab 1445 wohnten in den bunten Häuschen Handwerker, die Erker wurden erst später von den zugezogenen Fabrikanten hinzugefügt. Die blauen Denkmalschutztafeln an den Häusern geben Auskunft über ihre lange Vergangenheit. Die Gasse steigt langsam an bis zum Münzplatz, danach führt die Widdergasse rund um das Nobelhotel Widder herum, das aus acht einzelnen Stadthäusern besteht und eine beliebte Jazzbar beherbergt.

Die Pfalzgasse führt mit einigen Stufen hoch zum **Lindenhof** ➡ eB3, dem wohl ältesten Platz in Zürich. Die Römer errichteten hier 15 v. Chr. eine Zollstation und später ein Kastell. Aus dem einstigen Namen Turicum wurde über die Jahrhunderte Zürich abgeleitet. Die deutschen Kaiser pflegten hier auf der Durchreise Station zu machen. Der Lindenhof diente häufig als Versammlungsort, unter anderem wurde hier im August 1798 die helvetische Verfassung beschworen. Ein Jahr zuvor hatte bereits Johann Wolfgang von Goethe die sich von hier aus bietende Aussicht über die Stadt gelobt. Dem Reisenden von heute präsentieren sich allerdings hauptsächlich die gegenüberliegende Seite mit dem Niederdorf sowie die mächtige Kuppel der **Eidgenössischen Technischen Hochschule** ➡ eA4. Gottfried Semper baute die ETH nach der Fertigstellung der nach ihm benannten Oper in Dresden.

Der Abstieg vom Lindenhof führt zur winzigen Gasse **Schipfe** ➡ eB3, die sich zwischen der Rudolf-Brun-Brücke und der Rathausbrücke an der Limmat entlangzieht und als Uferbebauung bereits 1295 angelegt wurde. Die direkt am Wasser stehenden Häuser aus dem 16. Jahrhundert wurden aus Raumnot an der Limmat errichtet. Kaum vorstellbar, dass dieses Kleinod einst als Umschlagplatz für die Schiffe vom See auf dem Weg in die Limmat diente.

Entlang kleiner Geschäfte in Häusern mit niedrigen Decken geht es über die Schlüsselgasse zur St. Peterhofstatt, einem ruhigen Plätzchen mit der ältesten Pfarrkirche der Stadt, **St. Peter** ➡ eC3. Markant ist besonders ihr Turm aus dem 13. Jahrhundert. Dessen Ziffernblatt übertrifft mit 8,7 Metern Durchmesser sogar das des Big Ben in London und gilt als größtes in Europa. Der einst zur Bewachung dienende Turm kann auch bestiegen werden, 157 Treppenstufen werden durch eine schöne Aussicht belohnt.

Durch die Schlüsselgasse geht es abwärts zum Münsterhof, im 18. Jahrhundert der wichtigste Marktplatz der Stadt – heute sieht er eher wie eine freie Parkplatzfläche aus. An den Platz grenzt das **Fraumünster** ➡ eC3, das vor allem wegen der drei elf Meter hohen Fenster auf der Ostseite bekannt ist, die der russische Künstler Marc Chagall 1970 schuf. Die Rosette ergänzte der berühmte Maler acht Jahre später. Die häufig umgebaute Kirche mit dem ehemaligen Kloster wurde einst von den Karolingern gegründet, die erste Erwähnung stammt aus dem Jahr 853.

Vom Fraumünster führt die Poststrasse geradewegs auf den **Paradeplatz** ➡ eC3, dessen Name auf die einstigen Militärparaden zurückgeht, die an diesem ehemaligen Schweinemarkt abgehalten wurden. Der zentrale Platz inmitten der Bahnhofstrasse wird von prächtigen Bankgebäuden, von Versicherungen und noblen Hotels, wie dem 1838 gegründeten Savoy Baur en Ville, gesäumt. Die Confiserie Sprüngli ist bereits seit 1859 an diesem Platz ansässig. Hier werden die höchsten Mieten der Stadt gezahlt.

Im weiteren Verlauf der Bahnhofstrasse werden die Geschäfte erlesener als in der ersten Hälfte – so gibt es nicht viele Städte in Europa, die einen eigenen Laden der Edelmarke Tiffany vorweisen können. Die Nobelmeile endet am Zürichsee mit Aussicht auf die Ausflugsschiffe. Links, wo der See in die Limmat fließt und manche Zürcher ihr Boot vertäut haben, befindet sich der **Bürkliplatz** ➡ eD3. Im Sommer findet hier regelmäßig samstags ein Flohmarkt statt. Der Name des Platzes geht auf den Architekten Arnold Bürkli zurück, der einige Parkanlagen in der Stadt schuf, indem er Teile des Sees aufschütten ließ. Hinter dem Bürkliplatz an der Limmat liegt das nostalgische Flussbad Stadthaus-

Die bunt bemalten Erker in der Augustinergasse in Zürich

Im Volksmund gern »Pfeffer und Salz« genannt: das Zürcher Grossmünster

quai, in dem sich Frauen auch heute noch bzw. wieder sichtgeschützt in der Limmat erholen können.

Über die Quaibrücke geht es auf die östliche Limmatseite und zuerst zum Bellevueplatz, an den sich der **Sechseläutenplatz** ➡ eD4 anschließt. Sein Name geht auf das 1902 gegründete gleichnamige Stadtfest zurück, bei dem jedes Jahr am Montag Mitte April ein »Böögg« genannter künstlicher Schneemann als Abschied vom Winter verbrannt wird. Gleichzeitig findet der Aufmarsch der 25 Zürcher Zünfte statt. Hinter dem auch als Weihnachtsdorf dienenden Sechseläutenplatz steht das renommierte Zürcher **Opernhaus** ➡ eD4, das im Jahr 1891 von Fellner und Helmer erbaut wurde. In dem abgebrannten Vorgängerbau dirigierte einst Richard Wagner.

Beim Opernhaus beginnt eine einladende Promenade entlang dem Zürichsee bis zum **Zürichhorn** ➡ südl. eE4. Linienboote verkehren von hier über den Zürichsee als normale öffentliche Verkehrsmittel. Die Parkanlage wird von einigen Kunstwerken gesäumt. Im Sommer werden Kinofilme auf einer Leinwand direkt am See vorgeführt. Bemerkenswert ist der **Chinagarten**, den Zürich 1993 als Geschenk von der chinesischen Stadt Kunming erhielt. Nicht weit davon entfernt fällt das bunte **Heidi-Weber-Haus** ins Auge, das im Volksmund auch **Le-Corbusier-Haus** genannt wird. Der bekannte Schweizer Architekt (1887–1965) baute dieses Gebäude aus Glas und Beton ursprünglich als Wohnhaus. Heute sind dort Ausstellungen zu sehen, übrigens auch über den modernen Künstler selbst. Parallel zur Parkanlage hat sich stadtseitig der Ortsteil Seefeld als ein trendiges Wohn- und Ausgehviertel etabliert.

Vom Bellevueplatz in entgegengesetzter Richtung erstreckt sich zwischen der Limmat und der Rämistrasse bzw. dem Seilergraben das **»Dörfli«** ➡ eB/eC3/4, wie die Zürcher gerne das Gewimmel von kleinen Gassen rund um Oberdorf- und Niederdorfstrasse nennen. Das **Oberdorf** reicht bis zu dem am häufigsten abgebildeten Wahrzeichen Zürichs, dem **Grossmünster** ➡ eC3 mit seinen beiden abgerundeten Türmen, die Einheimische als »Pfeffer und Salz« bezeichnen. In dieser Kirche predigte von 1519 bis 1531 der Reformator Huldrych Zwingli, der aus dem Inneren der einst katholischen Kirche sämtlichen Schmuck bis zur vollkommenen Schlichtheit entfernen ließ. Seine Reformvorschläge führten auch zu gesellschaftlichen Veränderungen, etwa zu einem fortschrittlichen Sozialwesen am Ende des Mittelalters. Die Kirche hat eine lange Bau- und Architekturgeschichte hinter sich, die mit einer Legende beginnt: Karl der Große soll angeblich einen Hirsch von Aachen bis nach Zürich gejagt und an dem Ort, an dem sein Pferd niedersank, das Chorherrenstift am Grossmünster gestiftet haben. Das Kirchenschiff ist unten romanisch, darüber spätgotisch, während die Türme erst 1787 in jetziger Form entstanden.

Das sich anschließende **Niederdorf** ➡ eB3/4 gilt zweifelsohne als quirligstes Viertel im Zentrum, einst sogar als Sündenpfuhl, doch diese Zeiten sind vorbei. Entlang der Niederdorfstrasse reihen sich kleine Läden, Imbissbuden, Restaurants, Bars und andere Etablissements aneinander. Die hübschen Nebengassen laden dazu ein, sich treiben zu lassen, sind jedoch auch wichtige geschichtliche Zeugen. In der nach rechts führenden **Spiegelgasse** ➡ eB3/4 wurde die Dada-Bewegung im einstigen Cabaret Voltaire gegründet. Heute werden hier avantgardistische Kunstausstellungen in einer Jazz- und Café-Bar gezeigt. In Nr. 14 schrieb Lenin 1916/17 an seinen Manifesten, bevor er zur Oktoberrevolution aufbrach. Viele mittelalterliche Gebäude stehen noch am **Neumarkt** ➡ eB4 bzw. am verlängerten **Rindermarkt**. Am Neumarkt 27 lebte der Stadtschreiber Gottfried Keller. Sein Stammlokal war die noch existierende »Öpfelchammer« am Rindermarkt 12. Niedlich ist der Rosenhof, ein kleiner Platz inmitten der Gasse, der besonders im Sommer mit seinen langen Bänken zum Trinken unter dem Sternenhimmel einlädt. Samstags wird tagsüber ein alternativer Markt abgehalten.

Ein Geschenk der Stadt Kunming: der Chinagarten in Zürich-Seefeld

Am **Zähringerplatz** ➡ eB4 befindet sich die Zentralbibliothek, wo Lenin einen großen Teil seines Zürcher Aufenthalts verbrachte. Die Niederdorfgasse mündet in die »Central« genannte Kreiselkreuzung, von der die Polybahn zur Eidgenössischen Technischen Hochschule und der benachbarten Universität fährt. Über die Bahnhofbrücke gelangt man zum Ausgangspunkt des Rundgangs am Hauptbahnhof zurück.

Bei schönem Wetter ist der Zürichsee das Ziel vieler Spaziergänger

Service-Informationen Zürich

Zürich Tourismus ➡ eA3
Hauptbahnhof
8001 Zürich
✆ 044 215 40 00
www.zuerich.com

FIFA World Football Museum ➡ eD2
Seestr. 27, Zürich
✆ 043 388 25 00
www.fifamuseum.com
Nun hat auch Zürich sein Sportmuseum: Direkt am See eröffnete 2016 ein faszinierendes Erlebnismuseum rund um den Fußball mit mehr als 1000 Exponaten auf drei Etagen.

Kunsthaus Zürich ➡ eC4
Heimplatz 1
Zürich
✆ 044 253 84 84
www.kunsthaus.ch
Das Zürcher Kunsthaus ist für seine hochkarätige Sammlung internationaler und einheimischer Kunst sowie für seine Wechselausstellungen weithin bekannt. Seit 2021 sind vor allem moderne Kunst sowie die Sammlung Emil Bührle in dem von David Chipperfield neu gestalteten Erweiterungsbau zu sehen, der mit seiner puristisch-eleganten Form neue Maßstäbe in der Kunstvermittlung setzt.

Landesmuseum Zürich ➡ eA3
Museumstr. 2, Zürich
✆ 044 218 65 11
www.landesmuseum.ch
Hinter dem Hauptbahnhof befindet sich das neogotische Landesmuseum, das an ein Schloss erinnert und die größte kulturgeschichtliche Sammlung der Schweiz von der Antike bis ins letzte Jahrhundert beherbergt.

Museum Rietberg ➡ eE1
Gablerstr. 15, Zürich
✆ 044 415 31 31
www.rietberg.ch
Das Museum für Völkerkunde siedelt in der altehrwürdigen Villa Wesendonck inmitten eines schönen Parks mit Blick auf den Zürichsee. Hier komponierte einst Richard Wagner Teile seiner Oper »Tristan und Isolde«.

Opernhaus ➡ eD4
Falkenstr. 1, Zürich
✆ 044 268 66 66
www.opernhaus.ch
Das Zürcher Opernhaus genießt dank seiner hochkarätigen Besetzungen Weltruf – sowohl in der Oper als auch im Ballett. Das 1891 eröffnete Gebäude entwarfen die berühmten Wiener Architekten Fellner & Helmer im Stil der Neorenaissance.

Europaweit bekannt für seine Gemäldesammlung: das Kunsthaus Zürich

Das Opernhaus Zürich am Sechseläutenplatz: Jährlich wird eine Oper live auf eine Leinwand auf dem Platz vor dem Haus übertragen, um noch mehr Menschen für die klassische Musik zu begeistern

Schauspielhaus ➡ eC4
Zeltweg 5, Zürich
✆ 044 258 77 77
www.schauspielhaus.ch
Das 1938 gegründete Zürcher Schauspielhaus gilt als bedeutendstes Sprechtheater der Schweiz. Hier wurden in den 1950er Jahren damals unbekannte Dramatiker gespielt, darunter Max Frisch und Friedrich Dürrenmatt. Eine zweite Bühne befindet sich beim Escher-Wyss-Platz im Schiffbaugebäude.

Tonhalle ➡ eD2/3
Claridenstr. 7, Zürich
✆ 044 206 34 34
www.tonhalle.ch
Das älteste Schweizer Sinfonieorchester spielt in der Tonhalle neben dem Kongresshaus in der Nähe des Zürichsees vorwiegend klassische Werke vom 18. bis ins frühe 20. Jh. Aufgrund der exzellenten Akustik werden hier auch viele CDs eingespielt.

Zoo Zürich ➡ nordöstl. eA5
Zürichbergstr. 221, Zürich
✆ 044 254 25 00, www.zoo.ch
Der Zürcher Zoo im Nordosten der Stadt gehört mit ca. 6000 Tieren aus 350 Arten zu den größten in Europa. Beeindruckend ist die separat gelegene Masoala-Halle, die den Regenwald von Madagaskar nachahmt.

Igniv ➡ eB3
Marktgasse 17, Zürich
✆ 044 266 10 10
www.marktgassehotel.ch
Das 2020 vom Bündner Spitzenkoch Andreas Caminada eröffnete Restaurant wurde bereits mit zwei Michelin-Sternen ausgezeichnet, die das Fine Dining mit einem Feuerwerk an Aromen loben. MIt hauseigener Cocktailbar, die ebenfalls Preise, so den Barkeeper des Jahres 2022, einheimsen konnte. €€€

Lumière ➡ eB3
Widdergasse 5, Zürich
✆ 044 211 56 65
www.restaurant-lumiere.ch
Das Lokal mit Pariser Flair ist besonders für sein Entrecôte »Café de Paris« berühmt, dessen Fleisch aus der argentinischen Rinderzucht von Dieter Meier, dem berühmten Kopf der Avantgarde-Musikgruppe Yello, stammt. €€€

Die Bahnhofstrasse ist ein international renommiertes Shoppingparadies

Didi's Frieden ➡ eA3
Stampfenbachstr. 32
Zürich
✆ 044 253 18 10
www.didisfrieden.ch
Dem Gastronom Didi Bruna gelingt der Spagat zwischen leichter und bodenständiger Kost, serviert mit ausgesuchten Weinen und übertrumpft von süßen Nachspeisen. Das Restaurant am Central ist ziemlich angesagt, man sollte also besser reservieren. €€–€€€

Razzia ➡ eE4
Seefeldstr. 28, Zürich
✆ 044 296 70 70
www.razzia-zuerich.ch
Aus einem heruntergekommenen Kino aus den frühen Glanzzeiten des Films im Quartier Seefeld wurde ein schmuckes Restaurant, in dem ausgezeichnete internationale Gerichte unter einer herrlich geschmückten Stuckdecke serviert werden. €€–€€€

Seerose ➡ südl. eE2
Seestr. 493, Zürich
✆ 044 481 63 83
www.dinning.ch
Mediterrane Ferienatmosphäre auf der Terrasse und in der Bar direkt am Zürichsee mit eigenem Anlegeplatz für Jachten sowie saisonaler Küche. €€–€€€

Hiltl ➡ eB2
Sihlstr. 28, Zürich
✆ 044 227 70 00
www.hiltl.ch
Das erste vegetarische Restaurant Europas wird bereits in vierter Generation von derselben Familie betrieben. In moderner Einrichtung mit Sichtküche und minimalistischem Design speist man vegetarisch und vegan, ein Tipp ist das indisch angehauchte Buffet. Das Hiltl ist in, daher unbedingt reservieren, idealerweise für den Beginn der Mittagszeit, also noch vor 12 Uhr. €€

Zeughauskeller ➡ eC3
Bahnhofstr. 28 A, Zürich
✆ 044 220 15 15
www.zeughauskeller.ch
Die riesige Bierhalle direkt am Paradeplatz serviert Deftiges, darunter gute Wurstgerichte und Schnipo (Schnitzel mit Pommes Frites). Trotz 240 Sitzplätzen besonders mittags gut gefüllt. €

Café Odeon ➡ eC4
Limmatquai 2, Zürich
✆ 044 251 16 50
www.odeon.ch
Das einzige wirkliche Traditionscafé in Zürich – von 1911 – wurde zwar vor geraumer Zeit um die Hälfte verkleinert, doch noch immer kann man nachvollziehen, wie einst Thomas Mann, James Joyce und Albert Einstein hier mit ihren Freunden debattierten.

Kaufleuten ➡ eB2
Pelikanstr. 18, Zürich
✆ 044 225 33 22
www.kaufleuten.com
Der wohl bekannteste Club von Zürich ist am Wochenende immer proppenvoll. Bekannte Promis wie Madonna oder Prince haben im Kaufleuten bereits Station ge-

macht. Etwas ruhiger ist die **Pelikanbar** gleich nebenan. Im ebenfalls zum Kaufleuten gehörenden Restaurant (€€) ist zudem für das leibliche Wohl gesorgt.

Moods ➡ C8
Schiffbaustr. 6, Zürich
✆ 044 276 80 00, www.moods.ch
Aktueller und moderner Jazz wird im Moods gespielt, das sich wie die zweite Bühne des Schauspielhauses im Schiffbau befindet. Außerdem werden regelmäßig Literaturprojekte veranstaltet.

Confiserie Sprüngli ➡ eC3
Bahnhofstr. 21, Zürich
✆ 044 224 47 27
www.spruengli.ch
Die bekannteste Confiserie der Stadt produziert zwar nicht mehr an der Bahnhofstrasse, aber noch immer können die leckeren Luxemburgerli hier frisch verzehrt werden. Außerdem dient sie tagsüber als Café und bietet wechselnde Mittagsgerichte (€€) an.

Schwarzenbach Kolonialwaren ➡ eB3
Münstergasse 19, Zürich
✆ 044 261 13 15
www.schwarzenbach.ch
Schwarzenbach führt in die Zeit der Kolonialwarenläden zurück.

Die zarten Luxemburgerli kann man sich in der Confiserie Sprüngli auch stilvoll in Schachteln einpacken lassen

Hinter der großen Theke ruhen feine Waren wie anno dazumal in großen Schubladen , z. B. Spezialitäten und Nischenprodukte bei Kaffee, Tee, Gewürzen und Schokolade. Die hauseigene Schokoladen- und Espresso-Bar ergänzt das unwiderstehliche Angebot.

Travel Book Shop ➡ eB3/4
Rindermarkt 20, Zürich
✆ 044 252 38 83
www.travelbookshop.ch
In diesem Fachgeschäft gibt es einfach für alle noch so entfernt gelegenen Reiseziele die passende Literatur. Vorsicht: Bei längerem Stöbern in dem niedlichen Laden stellt sich unweigerlich Fernweh ein. Mit Online-Shop. ■

Das Odeon war Anfang des 20. Jahrhunderts Treffpunkt für Andersdenkende

Reiseregionen, Orte und Sehenswürdigkeiten

Genferseegebiet/ Waadtland

Das Gebiet rund um den Genfersee ist eine der schönsten Landschaften der Schweiz. Der See reicht bis nach Frankreich, dessen Örtchen Evian sich durch sein Wasser einen Namen in der Welt machen konnte. Entlang der schweizerischen Seite liegen die beiden Kantone Genf und Waadtland (Vaud) mit dessen Hauptstadt Lausanne.

Bei der Anreise mit dem Zug sind kurz vor Lausanne die Weinterrassen von Lavaux sichtbar, die 2007 in die UNESCO-Liste des Weltkulturerbes aufgenommen wurden. Der nordöstliche Zipfel des Genfersees bei Montreux wird gelegentlich auch als waadtländische Riviera bezeichnet.

Avenches ➡ E4

Das einstige Aventicum wurde etwa 15 v. Chr. zum Hauptort der Helvetier und wuchs zu einer Stadt mit 20 000 Einwohnern und eigenem Bischofssitz heran. Nach dem Niedergang im 6. Jahrhundert wurde auf den Ruinen das heutige Städtchen Avenches (4700 Einw.) gegründet. Der pittoreske Ort zwischen Murten und Lausanne bietet seinen Besuchern eine ganze Reihe römischer Ruinen, ein Renaissanceschloss und einen intakten mittelalterlichen Stadtkern in der Größe von 200 mal 300 Metern mit gemütlichen Cafés und Restaurants. Das bereits 1838 gegründete **Römische Museum** zeigt eine Vielfalt an Ausgrabungsfunden. Größter Anziehungspunkt ist das alljährlich im Juli stattfindende **Opernfestival** im Amphitheater.

Das antike Amphitheater von Avenches wird heute noch für das jährliche Opernfestival genutzt

Heißluftballonflug über Château-d'Œx

Avenches Tourisme ➡ E4
Place de l'Eglise 3, 1580 Avenches
✆ 026 676 99 22
www.avenches.ch

Château-d'Œx ➡ G4

Der 3600 Einwohner zählende Ort wurde erst zu Beginn des 20. Jahrhunderts vom Tourismus entdeckt, als die Montreux-Oberland-Bahn für eine direkte Verbindung bis nach Montreux sorgte. Das Ortsbild ist vor allem von Hotels und Chalets geprägt. Eine Luftseilbahn führt auf den Berg Rocher du Midi. Das Skigebiet reicht bis nach Les Mosses, im Sommer eignet sich die Umgebung für Wanderungen.

Château-d'Œx Tourisme ➡ G4
Place du Vilage 6
1660 Château-d'Œx
✆ 026 924 25 25
www.chateau-doex.ch

Espace Ballon ➡ G4
Chemin des Ballons 2
Château-d'Œx
✆ 077 459 33 37
www.espace-ballon.ch
Bekannt ist der Ort vor allem durch die seit 1979 stattfindenden internationalen Heißluftballonwochen. Von hier aus trat Bertrand Piccard im Jahr 1999 mit einem Ballon eine Nonstopfahrt rund um die Erde an. Im Museum erfährt man alles Wissenswerte rund um die Ballonfahrerei.

Genève (Genf) ➡ G/H1/2

Die kleinste Metropole der Welt ist mit 204 000 Einwohnern die zweitgrößte Stadt der Schweiz, doch international eine bedeutende Stadt mit multikulturellem Flair. Wegen des Sitzes der Vereinten Nationen und des Museums des Roten Kreuzes wird Genf auch die »Stadt des Friedens« genannt.

Am südlichen Ausläufer des Genfersees, wo die Rhône aus dem See in Richtung Frankreich austritt, liegt das Zentrum der Stadt. Die leicht hügelige Altstadt erstreckt sich auf der linken Seite der Rhône mit der weithin sichtbaren **Kathedrale St-Pierre** ➡ cD3. Am lebendigen **Place du Bourg-de-Four** ➡ cD3 und in den verwinkelten Gassen laden kleine Restaurants und gemütliche Bars zum Eintauchen ins Nachtleben ein. In der Altstadt befinden sich viele Geschäfte entlang der **Rue**

du Marché ➡ cC2 und der Grand-Rue sowie das sehenswerte **Hôtel de Ville** ➡ cD2 (Rathaus) aus dem 15. Jahrhundert, in dem nicht die Stadtbehörde, sondern die Kantonsregierung untergebracht ist.

Das Wahrzeichen Genfs ist die am südlichen Seeufer gelegene, 140 Meter hohe Wasserfontäne **Jet d'eau** ➡ cB4. Die gegenüberliegende Seeseite wird von Luxushotels gesäumt, dahinter befindet sich das Geschäftsviertel entlang der **Rue du Mont-Blanc** ➡ cB2, die auf der einen Seite bis zum Bahnhof Cornavin reicht und auf der anderen entlang der Pont du Mont-Blanc über die Rhône zur Altstadt führt. Im Norden der Stadt erstrecken sich Parkanlagen; viele internationale Organisationen haben dort ihren Sitz.

Jeden März findet der **Genfer Autosalon** statt. Genf ist auch Sitz der Europäischen Organisation für Kernforschung (CERN), wo 1993 das World Wide Web als Grundlage für die Verbreitung des Internets erfunden wurde. Teile der Anlage sind zu besichtigen.

Genève Tourisme ➡ cB3
Quai du Mont-Blanc 2
1201 Genève
✆ 022 909 70 00
www.geneve.com

Musée International de la Croix-Rouge & Croissant-Rouge
➡ nördl. cA1
Avenue de la Paix 17
Genève
✆ 022 748 95 11
www.redcrossmuseum.ch
Das internationale Rotkreuz- und Rothalbmondmuseum berichtet über die Geschichte der 1863 von Henri Dunant begründeten ersten humanitären Organisation der Welt mit Fotos, Dokumentarfilmen und Exponaten. Die Genfer Konvention wurde allerdings im Rathaus unterzeichnet.

Patek Philippe Museum
➡ cD1
Rue des Vieux-Grenadiers 7
Genève
✆ 022 707 30 10
www.patekmuseum.com
Auf vier Etagen wird die Geschichte der Uhrenherstellung im Allgemeinen und jene der 1839 gegründeten Marke Patek Philippe im Besonderen gezeigt.

Vereinte Nationen Genf
➡ nördl. cA1
Avenue de la Paix 14
Genève
✆ 022 917 12 34
www.ungeneva.org
Besichtigung nur mit Führung

Der Springbrunnen Jet d'eau im Genfersee ist das Wahrzeichen von Genf

Das **Palais des Nations** entstand 1937 als Sitz des Völkerbunds und dient heute den Vereinten Nationen als europäisches Zentrum.

Grand Théâtre ➡ cC/cD1
Boulevard du Théâtre 11
Genève
✆ 022 322 50 50
www.geneveopera.ch
Im über die Grenzen der Westschweiz hinaus bekannten Genfer Theater am Place Neuve werden Opern- und Schauspielvorführungen gegeben.

Café de Paris ➡ cB2
Rue du Mont-Blanc 26, Genève
✆ 022 732 84 50
www.chezboubier.com
Reservierung (besonders abends) empfohlen
Die weltberühmte Soße »Café de Paris« stammt nicht etwa aus Paris, sondern aus diesem Lokal in Genf. Spezialität des Hauses ist seit 1942 das Entrecôte de Bœuf mit eben jener auf Butter und einer geheimen Gewürzmischung basierenden Soße. €€€

Au Carnivore ➡ cD3
Place du Bourg-de-Four 30
Genève
✆ 022 311 87 58
www.restaurantcarnivore.ch
Gelungene Mischung aus bodenständiger Genfer Küche und mediterranem Einschlag. Spezialität sind die Tartar-Variationen, beliebt sind auch Fondue und Fleischgerichte. Hübsche Altstadtterrasse vor dem Haus. €€

Chocolaterie Auer ➡ cC3
Rue de Rive 4, Genève
✆ 022 311 42 86
www.chocolat-auer.ch
Das Familienunternehmen in fünfter Generation gilt als beste Chocolaterie von Genf, in der die Trüffel noch immer handgerollt und nur wertvollste Zutaten verwendet werden.

Die Holzskulptur »Broken Chair« vor dem Palais des Nations

Lausanne ➡ F3

Die hügelige Hauptstadt des Kantons Waadt erstreckt sich auf einem terrassenförmigen Gebiet, das bis hinunter zum nördlichen Ufer des Genfersees reicht. Lausanne (142 000 Einw.) verfügt über eine Universität, eine Technische Hochschule, das Schweizer Bundesgericht und ein vielfältiges Kulturleben. Das Stadtbild im Zentrum wird von kleinen Gassen und steilen Treppen geprägt.

Hauptplatz ist der **Place St-François** mit der namensgebenden ehemaligen Franziskanerkirche. Von diesem Platz aus führt die Fußgängerzone entlang der Rue de Bourg; über die Pont Bessières geht es weiter zur frühgotischen **Cathédrale Notre-Dame**, dem Wahrzeichen der Stadt. Die fünftürmige Kathedrale wurde im Jahr 1275 geweiht und bietet von der Terrasse auf der Südseite eine tolle Aussicht auf die Stadt.

Etwas weiter im Nordosten, am Place de la Riponne, steht das **Palais de Rumine** im Stil der Neorenaissance. Hier befinden sich die Universitätsbibliothek, das Kunstmuseum und das Archäologische Museum.

Der südliche Teil von Lausanne an den Gestaden des Genfersees heißt **Ouchy** und ist mittels der einzigen Schweizer U-Bahn in nur wenigen Minuten von der Cité aus zu erreichen. Der Yachthafen vermittelt eine mediterrane Atmosphäre. Im prachtvollen Hotel **Beau-Rivage Palace**, einem der besten Stadthotels der Schweiz, wurden bereits wichtige Staatsverträge unterzeichnet. Die hübsche Strandpromenade führt bis zum Parc Denantour. Das weithin sichtbare **Château d'Ouchy** am Seeufer, das in seiner heutigen Form aus dem 19. Jahrhundert stammt, dient als Schlosshotel.

Lausanne Tourisme ➡ F3
Avenue Louis-Ruchonnet 1
1003 Lausanne
✆ 021 613 73 73
www.lausanne-tourisme.ch

Musée cantonal des Beaux-Arts ➡ F3
Place de la Gare 16, Lausanne
✆ 021 316 34 45

Aufgang zur Cathédrale Notre-Dame, dem Wahrzeichen von Lausanne

www.mcba.ch
Eintritt frei
Das vor 170 Jahren gegründete Kunstmuseum zeigt überwiegend Gemälde des 18./19. Jh., ergänzt um zeitgenössische Kunst sowie Wechselausstellungen.

Musée Olympique ➡ F3
Quai d'Ouchy 1
Lausanne
✆ 021 621 65 11
www.olympic.org/museum
Das Internationale Olympische Komitee errichtete das Museum direkt am Genfersee im Stadtteil Ouchy 99 Jahre nach seiner eigenen Gründung (1894). Das Haus bringt Sport, Kunst und Kultur in einer interessanten Mischung zusammen. Im Zentrum steht die Rolle des Sports in der Gesellschaft.

Eat Me ➡ F3
Rue Pépinet 3, Lausanne
✆ 021 311 76 59
www.eat-me.ch
»Die Welt auf kleinen Tellern«: Hier probieren sich die Gäste in kleinen Portionen durch die Küchen der Welt. €€

Pinte Besson ➡ F3
Rue de l'Ale 4
Lausanne
✆ 021 312 59 69
www.pinte-besson.com
Gemütliches Bistrot-Restaurant wie aus einer vergangenen Zeit. Serviert werden saisonale Speisen zu fairen Preisen, sehr beliebt ist das Fondue. Reservierung empfohlen. €€

L'Herboriste ➡ F3
Avenue du Léman 12
Lausanne
✆ 021 311 81 70
www.lherboriste.ch
Die mit viel Charme eingerichtete Kräuterboutique führt gesunde Lebensmittel, Ölessenzen, mehr als 300 Kräutertees und Kosmetik.

Mondäne Bauten an der Uferpromenade von Montreux am Genfersee

Montreux/Vevey ➡ G3/4

Entlang der waadtländischen Riviera am Genfersee erstreckt sich **Montreux** ➡ G4 (26 200 Einw.) über eine Länge von acht Kilometern. Im Herzen der Kurstadt befinden sich das **Kasino** und die Seepromenade am **Lac Léman**. Eine ganze Reihe mondäner Hotelbauten säumt die Uferstraße. Bekannt ist vor allem das **Montreux Jazz Festival**, das seit 1967 jährlich im Juli 200 000 Besucher anzieht, die während der zwei Wochen kommen, um internationalen Größen des Jazz, Swing, Blues und Rock zuzuhören.

Etwas westlich von Montreux liegt das weniger überlaufene, reizvolle Städtchen **Vevey** ➡ G3/4 (sprich »Wöweh«, 19 700 Einw.). Auf dem schönen Marktplatz Grande Place steht die von Säulen umgebene einstige Kornhalle Grenette. Charlie Chaplin verlebte seinen Lebensabend in der Stadt, die vor allem mit dem Hauptsitz des Lebensmittelkonzerns Nestlé in Verbindung gebracht wird.

Das bekannteste Schloss der Schweiz liegt auf einer Felseninsel am Genfersee nahe Montreux an einer alten Handelsstraße. Vor der malerischen Kulisse mit schneebedeckten Gipfeln entstand vom 10. bis 16. Jahrhundert das ❶ **Château de Chillon** ➡ G4 mit romanischen und gotischen Zügen. Vom See aus gleicht es einer Residenz, von den Bergen aus einer Festung.

ℹ Montreux Vevey Tourisme
➡ G4
Grand-Rue 45
1820 Montreux
✆ 0848 86 84 84
www.montreuxriviera.com

🏛 Musée Suisse de L'Appareil Photographique ➡ G3/4
Grande Place 99, Vevey
✆ 021 925 34 80
www.cameramuseum.ch
Das Schweizer Museum der Fotografie präsentiert die Geschichte der Fotografie u. a. mit einem Überblick verschiedener Techniken wie Laterna magica oder Camera obscura. Sonderausstellungen widmen sich bestimmten Fotografen und Spezialthemen wie der Luftfotografie der Schweiz.

Queen Studio Experience

➡ G4
Casino Barrière, Rue du Théâtre 9
Montreux
www.mercuryphoenixtrust.com
Eintritt frei
In einem Raum des Casino Barrière nahm die legendäre englische Rockgruppe Queen mit ihrem 1991 verstorbenen charismatischen Sänger Freddie Mercury einige Alben auf, darunter das zuletzt entstandene »Made in Heaven«. Dem Sänger zu Ehren wurde 1995 am Ufer des Genfersees eine Statue aufgestellt. Seit 2013 lädt die Ausstellung zu einer interaktiven Begegnung inklusive Selfie am Mischpult ein.

1 Château de Chillon ➡ G4

Avenue de Chillon 21, Veytaux
✆ 021 966 89 10, www.chillon.ch
Die Grafen von Savoyen bauten die vom 10. bis zum 16 Jh. entstandene Anlage mehrfach um. Bekannt ist das idyllisch gelegene Schloss vor allem durch sein Gefängnis. Sechs Jahre lang war François Bonivard hier interniert, weil er als Prior von Genf öffentlich für die Reformation und die Unabhängigkeit der Stadt von den Savoyern eintrat. Als die Berner das Schloss 1536 einnahmen, befreiten sie ihn, nachdem er vier Jahre lang an eine Säule gefesselt gewesen war.

Seine Geschichte inspirierte den britischen Schriftsteller Lord Byron, der im Jahr 1816 auf den Spuren von Jean-Jacques Rousseau den Genfersee besuchte und das Schloss entdeckte, zu seinem bekannten Gedicht »Der Gefangene von Chillon«.

Restaurant de l'Hôtel de Ville

➡ G4
Rue d'Yverdon 1
Crissier
✆ 021 634 05 05
www.restaurantcrissier.com
In einem Vorort von Lausanne ist seit mehr als drei Jahrzehnten eines der besten Restaurants der Schweiz zu finden. Die historische Villa diente einst als Rathaus, bevor der »Koch des Jahrhunderts« Frédy Girardet hier 1971 sein Restaurant eröffnete. Chefkoch Franck Giovannini zelebriert wie seine berühmten Vorgänger feinste Gourmetküche, die mit drei Michelin-Sternen und 19 Punkten von Gault-Millau ausgezeichnet wurde. €€€

Montreux Jazz Festival ➡ G4

Avenue Claude Nobs 5
Montreux
✆ 021 966 44 44
www.montreuxjazzfestival.com
Europas führendes Jazz-Festival ist seiner Zeit immer ein wenig voraus: Präsentiert werden neue und bekannte Talente sowie exklusive Jamsessions in einem 16-tägigen Musikmarathon jedes Jahr im Juli.

Das bekannteste Schloss der Schweiz: Château de Chillon am Genfersee

Region Freiburg

Der zweisprachige Kanton verbindet die Französisch sprechende Romandie mit der Deutschschweiz und liegt zwischen dem Genferseegebiet, der Region Neuchâtel/Jura und dem Schweizer Mittelland.

Fribourg (Freiburg) ➡ E4

Als Kultur-Brücken-Stadt sieht sich die Hauptstadt des gleichnamigen Kantons. Die hügelige Stadt (37 700 Einw.) entstand 1157 auf einem Felssporn oberhalb der Saane. Als sich nur hundert Jahre später neue Quartiere auf der gegenüberliegenden Flussseite entwickelten, mussten erste Brücken errichtet werden. Die beiden einstigen Hängebrücken aus Drahtseilen wurden längst von Betonbrücken abgelöst. Sehenswert sind die 1653 errichtete **Bernbrücke** aus Holz sowie die **Mittlere Brücke** und die **Zähringenbrücke** aus Sandstein. Das Stadtbild besticht durch zahlreiche Brunnen mit wohlklingenden Namen wie Tapferkeits- oder Treuebrunnen. Am Grand-Places erinnert der Tinguely-Brunnen aus Metall an Rennfahrer Jo Siffert, Freund des Künstlers und Sohn der Stadt.

Der historische Stadtkern wird durch mehr als 200 spätgotische Fassaden aus Sandstein gebildet. Dominant in der Altstadt ist die **Cathédrale de Saint-Nicolas**, die 1283 als dreischiffige gotische Kirche entstand. Auf der Orgel spielten schon Franz Liszt und Anton Bruckner. Eine Reihe weiterer Kirchen und einstiger Klöster prägen das Stadtbild beidseits der Saane. Im Jahr 1899 wurde die **Standseilbahn** zwischen Neustadt und Altstadt eröffnet. Die zweisprachige Universitätsstadt ist ein Eldorado für Feinschmecker.

Die Kultur-Brücken-Stadt Freiburg im Üechtland

Informations Touristiques ➡ E4
Place Jean-Tinguely 1
1700 Fribourg
✆ 026 350 11 11
www.fribourgtourisme.ch

Espace Jean Tinguely Niki de Saint Phalle ➡ E4
Rue de Morat 2, Fribourg
✆ 026 305 51 40
www.fr.ch/mahf
Das im einstigen Tramdepot eingerichtete Museum zeigt neben Wechselausstellungen Werke des Künstlerehepaars. Der Bildhauer Tinguely gestaltete vor allem motorenbetriebene Plastiken aus Blech, Draht und Schrott.

L'Aigle Noir ➡ E4
Rue des Alpes 10, Fribourg
✆ 026 322 49 77
www.aiglenoir.ch
Wunderbarer Blick auf die Umgebung Fribourgs trifft ebensolches Essen, entsprechend gewürdigt von Michelin und Gault-Millau. €€€

Gruyères (Greyerz) ➡ F4

Wenn ein mittelalterliches Städtchen mit nur 2300 Einwohnern bezaubern kann, dann ist es Gruyères im Freiburgerland. Die Hauptattraktion ist das **Schloss**, viele Gäste kommen allerdings wegen des bekannten Käses und

Klein aber fein: Gruyères

entdecken erst dadurch den malerischen Ort. Hinter dem Stadttor eröffnet sich die Gasse Rue du Bourg, die von Restaurants, Geschäften und kleinen Hotels gesäumt ist. Der Weg führt bis zum 800 Jahre alten Grafenschloss.

Office du Tourisme ➡ F4
Rue du Bourg 1, 1663 Gruyères
✆ 026 919 85 00
www.la-gruyere.ch

Château de Gruyères ➡ F4
Rue du Château 8, Gruyères
✆ 026 921 21 02
www.chateau-gruyeres.ch
Der einstige Sitz der Grafen von Greyerz, errichtet im späten 13. Jh., zählt zu den prächtigsten Schlössern der Schweiz. Sehenswert sind besonders die Wandmalereien im Rittersaal, die mittelalterliche Küche und der französische Garten.

La Maison du Gruyère ➡ F4
Place de la Gare 3, Pringy-Gruyères
✆ 026 921 84 00
www.lamaisondugruyere.ch
Nach beeindruckender Anreise durch die Region erleben die Besucher die Herstellung des harten Greyerzer Käses in der Schaukäserei unterhalb der Stadt. Der Käse kann auch vor Ort erworben oder als Zutat regionaler Gerichte im Restaurant verkostet werden.

Maison Cailler ➡ F4
Rue Jules Bellet 7, Broc
✆ 026 921 59 60, www.cailler.ch
Der ungewöhnliche Geruch des Orts Broc geht auf die 1819 gegründete Schokoladenfabrik Cailler zurück, die einst die erste Tafelschokolade der Welt herstellte. 1929 von Nestlé übernommen, ist die Marke noch immer führend in der Schweizer Schokoladenbranche. Das moderne Fabrikmuseum erlaubt einen Blick hinter die Kulissen.

Murten (Morat) ➡ E4

Im Herzen des Drei-Seen-Landes zwischen Bern und Lausanne liegt das von einer Ringmauer umgebene historische Städtchen Murten (9400 Einw.) am gleichnamigen See. Wo anno 1476 die Eidgenossen über die Burgunder siegten, verläuft übrigens der imaginäre »Röstigraben« zwischen französisch- und deutschsprachiger Schweiz. Die auf rechteckigem Grundriss entstandene Zähringerstadt lädt mit ihren hübschen Arkaden unter bunt geschmückten Barockhäusern zum Bummeln und Verweilen ein.

Murten Tourismus ➡ E4
Hauptgasse 27, 3280 Murten
✆ 026 670 51 12
www.murtentourismus.ch

Neuenburg/Jura/ Berner Jura

Die französischsprachige Region erstreckt sich über die beiden Kantone Neuchâtel und Jura. Zwischen Basel und Biel befindet sich Delémont (Delsberg), die Hauptstadt des jüngsten Kantons, der erst 1979 durch eine nicht ganz friedliche Abtrennung vom Kanton Bern entstand und sich Jura nannte wie das Gebirge an der Grenze zu Frankreich. Die Spitzen des Jurakamms erreichen gut 1700 Meter, das Gebirge nimmt zehn Prozent der Schweizer Fläche in Anspruch.

La Chaux-de-Fonds/Le Locle

➡ D3/4

Das gern als »Stadt auf dem Land« bezeichnete La Chaux-de-Fonds ist mit 38 500 Einwohnern die drittgrößte Stadt in der Westschweiz. Bekannt wurde sie im 18. Jahrhundert durch die Kunst der Spitzenklöppelei und später als Zentrum der Uhrenherstellung. Beides geschah überwiegend in Heimarbeit. Das einem Schachbrettmuster nachempfundene, auf dem Reißbrett geplante Stadtbild ist in der Schweiz selten. Der hier geborene Schweizer Architekt Le Corbusier entwarf Anfang des 20. Jahrhunderts einige Häuser wie das »Maison Blanche«. 2016 wurden 17 Stätten seines architektonischen Werks in der Schweiz und im Ausland in die Liste des UNESCO-Weltkulturerbes aufgenommen. Ein weiterer berühmter Sohn der Stadt ist der Automobilbauer Louis Chevrolet.

Maison Blanche ➡ D4
Chemin de Pouillerel 12
La Chaux-de-Fonds
✆ 032 536 22 22
www.maisonblanche.ch
Die beispielhafte Villa aus seinem Frühwerk gestaltete Le Corbusier noch unter seinem Geburtsnamen Charles-Edouard Jeanneret 1912 für seine Eltern – ein erster Bruch mit dem damals vorherrschenden Jugendstil. Neben dem Museumsbetrieb gelegentliche Vorlesungen und Konzerte.

Musée international d'horlogerie ➡ D4
Rue des Musées 29
La Chaux-de-Fonds
✆ 032 967 68 61
www.mih.ch
Das unterirdisch angelegte internationale Uhrenmuseum thematisiert die Geschichte der Uhrenherstellung sowie die allgemeine Bedeutung der Zeitmessung.

Charles-Edouard Jeanneret, eher bekannt als Le Corbusier, entwarf 1912 diese Villa für seine Eltern: das Maison Blanche in La Chaux-de-Fonds

Musée d'horlogerie du Locle ➜ D3

Route des Monts 65, Le Locle
✆ 032 933 89 80
www.mhl-monts.ch
Im herrschaftlichen Château des Monts außerhalb des Zentrums befindet sich diese feine Sammlung aus einem Kuriositätenkabinett des 19. Jh., inklusive Sonnenuhren im hübschen Park.

Ausflugsziel:

Pferdealtersheim Le Roselet ➜ D4

Les Breuleux, ca. 20 km nordöstlich von La Chaux-de-Fonds
✆ 032 959 18 90
www.philippos.ch
Etwa 60 Pferde, Ponys und Esel dürfen hier ihren Lebensabend auf den saftigen Juraweiden verbringen. Das Restaurant bringt Köstliches aus frischen Zutaten der Region auf den Tisch.

Neuchâtel (Neuenburg) ➜ D4

Die 44 600 Einwohner zählende Hauptstadt des gleichnamigen Kantons wurde als »Novum Castellum« im Jahr 1011 erstmals schriftlich notiert. Das **Schloss** entstand 180 Jahre später. Heute sind dort die Kantonsbehörden untergebracht, dennoch kann es teilweise besichtigt werden. Zur selben Zeit entstand als Wahrzeichen der Stadt die Kirche **Eglise Collégiale** (Kollegiatskirche), ihre Westtürme wurden erst 1875 hinzugefügt. Am Hafen befinden sich repräsentative Bauten wie Rathaus, Theater und einige Museen, die überwiegend Ende des 19. Jahrhunderts errichtet wurden.

Sehenswert ist u. a. das im Stile Louis XVI. erbaute **Hôtel DuPeyrou**, in dem heute offizielle Empfänge stattfinden. Auf der **Place des Halles** wird dienstags, donnerstags und samstags Markt abgehalten. Im Stadtbild fallen ähn-

Uhrenindustrie – La Chaux-de-Fonds und Le Locle

Die Westflanke der Schweiz rund um Neuchâtel und La Chaux-de-Fonds wurde besonders durch die Uhrmacherindustrie bekannt. Als Wiege der Schweizer Uhrenindustrie gelten die Zwillingsstädte La Chaux-de-Fond und Le Locle.

International hoch im Kurs: Schweizer Uhren

Besucher können im **Uhrenmuseum von La Chaux-de-Fond** neben Exponaten zur Geschichte der Uhrenherstellung etwa auch eine Abteilung zur Restaurierung von Uhren besichtigen. Jährlich am ersten Oktoberwochenende findet hier eine Uhrenbörse statt. Darüber hinaus verleiht das Uhrenmuseum jedes Jahr den Prix Gaïa für besondere Verdienste um die Uhrenindustrie.

In der zehn Kilometer entfernten Partnerstadt **Le Locle** lockt eine bemerkenswerte Sammlung von Zeitmessern Uhrenfans in das hübsche **Château des Monts**, Sonnenuhren und andere Freiluftexemplare sind im umliegenden Park zu bestaunen.

Aufgrund der Verdienste um die Uhrenindustrie und wegen der städteplanerischen Gestaltung mit ihren Jugendstilbauten ernannte die UNESCO die beiden Städte 2009 zum Weltkulturerbe. Weitere Infos auf www.watch-cities.ch.

Ausstellung im Archäologiemuseum Laténium in Hauterive

lich wie in Bern oder Solothurn die hübschen Brunnen aus dem 16. und 17. Jahrhundert auf.

Die Universitätsstadt bezaubert durch ihre Lage am nördlichen Ufer des **Neuenburger Sees** – das größte Binnengewässer vollständig auf Schweizer Boden – und die Aussicht auf den Jura-Gebirgszug. Lohnenswert ist eine Dreiseen-Rundfahrt, die auch zum **Bielersee** und zum **Murtensee** führt. Wegen der Weinanbaugebiete in der Region findet alljährlich das dreitägige Winzerfest »Fête des Vendanges« statt, das bis zu 100 000 Menschen anzieht.

Tourisme neuchâtelois ➡ D4
Place du Port 2, 2000 Neuchâtel
✆ 032 889 68 90
www.neuchateltourisme.ch

Centre Dürrenmatt ➡ D4
Chemin du Pertuis-du-Sault 74
Neuchâtel
✆ 058 466 70 60
www.cdn.ch
Der renommierte Architekt Mario Botta transformierte das einstige Wohnhaus des Schriftstellers und Künstlers Friedrich Dürrenmatt im Jahr 2000 in das Centre Dürrenmatt. An beeindruckender Stelle oberhalb des Sees werden dessen Werke sehenswert in Szene gesetzt. Dürrenmatt verbrachte hier die letzten 38 Lebensjahre bis zu seinem Tode im Jahr 1990.

Laténium ➡ D4
Espace Paul Vouga, Hauterive
✆ 032 889 69 17
www.latenium.ch
Ursprünglich entstanden am Neuenburgersee zunächst Pfahlbauten. Im 2001 eröffneten Archäologiemuseum Laténium, benannt nach dem Fundort La Tène, begeben sich Besucher auf eine Zeitreise von der Gegenwart bis zur Bronzezeit. Der Schwerpunkt der Ausstellung liegt auf dem Werkzeug der jeweiligen Epoche.

Maison des Halles ➡ D4
Rue du Trésor 4
Neuchâtel
✆ 032 724 31 41
www.maisondeshalles.ch

Der Kraftort Creux du Van

Das 1569 erbaute, auffallende Gebäude am Marktplatz diente früher als Treffpunkt für den Umschlag von Waren. Heute sind in dem Haus eine Bar, das »Café des Halles« mit leichter Saisonküche sowie das Gourmetrestaurant »au Premier« untergebracht. €€

Saint-Ursanne ➡ C4/5

Die recht einsame Region **Clos du Doubs** umfasst ein 80 Quadratmeter großes Gebiet entlang des Doubstals. Der Fluss entspringt zwar in Frankreich, schlängelt sich jedoch schnell auf Schweizer Gebiet und fließt durch das pittoreske Saint-Ursanne, bevor er in Frankreich in die Saône mündet. Dieses wohl schönste Städtchen im Kanton Jura mit seinen 700 Einwohnern blickt auf eine lange Geschichte zurück. Ein Rundgang durch das malerische Zentrum mit seinen kleinen Geschäften und Restaurants führt zur Steinbrücke von 1728 mit ihren vier Bögen.

i Jura Tourisme ➡ C4/5
Place Roger Schaffter
2882 Saint-Ursanne
✆ 032 432 41 90, www.j3l.ch

Val-de-Travers ➡ E3

Dieses Tal im Gebiet des Neuenburger Juragebirges entlang der Areuse wurde durch die energiegeladene Felswand Creux du Van sowie die längst geschlossenen Asphaltminen und den Absinth bekannt. Der halbkreisförmige, knapp vier Kilometer lange Felskessel **Creux du Van** beim Berggipfel Soliat fällt an den Seiten 160 Meter in die Tiefe, an seinen Wänden tummeln sich Gämsen und Steinböcke. Hier kreuzen sich, so glaubt man, stark ausgeprägte elektromagnetische Energielinien. Der Aufenthalt an einem solchen Ort der Kraft soll Körper und Geist beleben.

Im Örtchen **Couvet** erfanden zwei Klosterschwestern den Absinth aus Wermut, Anis und Thujon. Durch die Verbindung mit Wasser und Zucker verfärbte er sich milchig-grünblau, was zu dem Spitznamen »Grüne Fee« führte. Das in Paris um 1900 modische Getränk wurde aufgrund seiner halluzinogenen Nebenwirkungen 1910 verboten, darf jedoch in der Schweiz seit 2005 wieder hergestellt und verkauft werden – allerdings mit gesetzlichen Obergrenzen für den Thujongehalt.

Maison de l'Absinthe ➡ E3
Grande Rue 10
Môtiers
✆ 032 860 10 00
www.maison-absinthe.ch
Sehr anschauliches Museum über die Geschichte des Absinths, es besteht die Möglichkeit zur Verkostung.

Schweizer Mittelland mit Bern

Knapp ein Drittel der schweizerischen Fläche stellt das Mittelland, eine der drei Großlandschaften des Landes. Damit wird das leicht hügelige Gebiet zwischen dem Jura und den Alpen bezeichnet. Auch wenn geologisch Zürich, Thurgau und Genf dazugehören, wird aus touristischer Sicht das Gebiet des Schweizer Mittellandes vor allem durch die Städte Aarau, Biel/Bienne und Solothurn sowie die Bundesstadt Bern gebildet.

Aarau

➡ C7

Die Hauptstadt des fast gleichnamigen Kantons bietet ihren 21 800 Einwohnern direkt am längsten Schweizer Fluss Aare ein bildhübsches Zentrum. Die Grafen von Kyburg gründeten die Stadt bereits in der Mitte des 13. Jahrhunderts auf einem Felsvorsprung über der Aare. Aus den Erweiterungen des 16. Jahrhunderts stammen die noch erhaltenen spätgotischen Häuser. Aarau war 1798 die erste Hauptstadt der Schweiz, genau genommen der Helvetischen Republik, doch noch im selben Jahr wurde sie von Luzern abgelöst. 1803 entstand der Kanton Aargau im heutigen Ausmaß durch Napoleon. Die historische Altstadt besteht aus einem unregelmäßigen Viereck, dessen Stadtteile Stöcke genannt werden. Auffallend bei etwa 70 Gebäuden sind reich bemalte Dachuntersichten, also von innen verzierte, hervorstehende Giebel. Zu den Sehenswürdigkeiten gehören das **»Schlössli«** aus dem 13. Jahrhundert als ältestes erhaltenes Gebäude der Stadt sowie der **Obere Turm** und der **Rore-Turm**; das **Aargauer Kunsthaus** zeigt Schweizer Kunst vom 18. Jahrhundert bis in die Gegenwart. Das Regierungsviertel liegt außerhalb der Altstadt und sollte eigentlich im Stil französischer Boulevards mit klassizistischen Häusern gestaltet werden, wurde jedoch viel kleiner realisiert.

Aarau mit dem »Schlössli« in der Mitte und der Stadtkirche rechts

Aarau Info ➡ C7
Metzgergasse 2, 5000 Aarau
✆ 062 834 10 34
www.aarauinfo.ch

Aargauer Kunsthaus ➡ C7
Aargauerplatz, Aarau
✆ 062 835 23 30
www.aargauerkunsthaus.ch
Bedeutende Sammlung neuerer Schweizer Kunst vom 18. Jh. bis in die Gegenwart mit einer wechselnden Auswahl der mehr als 20 000 Exponate.

Einstein ➡ C7
Bahnhofstr. 43, Aarau
✆ 062 834 40 34
www.restauranteinstein.ch
An der örtlichen liberalen Kantonsschule erhielt Albert Einstein seine Matura (Abitur). Ihm huldigt das modern eingerichtete Restaurant mit einer mediterranen Alpenküche, die in einer offenen Küche aus frischen Zutaten überwiegend heimischer Herkunft zubereitet wird. €€

2 Bern ➡ E5

Die Hauptstadt der Schweiz (135 000 Einw.) konnte ihre historischen Züge mehr als andere Städte konservieren. Die Altstadt ist zu Dreivierteln von einer eigenwilligen Schleife der Aare umgeben. Dank ihrem geschlossenen architektonischen Ensemble mittelalterlicher Häuser steht sie in der Liste des UNESCO-Weltkulturerbes. Die zusammen sechs Kilometer langen Arkaden bilden eine der längsten vom Wetter geschützten Einkaufspromenaden in Europa.

Der Zähringerherzog Berchtold V. gründete die Stadt im Jahr 1191, benannt wurde sie – zumindest der Legende nach – nach dem ersten gefangenen Tier, einem Bären. Die Stadtväter nutzten die von drei Seiten geschützte Lage innerhalb der Aareschleife und bauten an der einzigen zugänglichen Stelle eine Stadtmauer. Die ab 1218 freie Reichsstadt Bern wurde 1339 endgültig unabhängig, als die drei Urkantone beim Kampf gegen die Savoyer aushalfen – daher trat Bern 1353 der Eidgenossenschaft bei. Bern wurde 1848 als Sitz der eidgenössischen Bundesversammlung und der Bundesbehörden bestimmt. Was Bern so sympathisch macht, sind der vollmundige Dialekt und die Gemütlich-

Seit 1983 gehört die Berner Altstadt zum UNESCO-Weltkulturerbe

keit, die die Berner gern mit den Worten »nume nid gschprängt« (»nur nichts überstürzen«) umschreiben. Bern ist zwar Hauptstadt, aber weder Kultur- noch Wirtschaftsmetropole.

Ein typischer Rundgang durch die historische Altstadt von Bern beginnt direkt am modernen **Hauptbahnhof** ➡ bB1. In der gegenüberliegenden Spitalgasse steht die im Barock erbaute protestantische **Heiliggeistkirche** aus dem Jahr 1729. Die Gasse führt weiter zum **Bärenplatz** ➡ bB2, auf dem der Käfigturm aus dem 16. Jahrhundert besonders auffällt. Von hier führt ein Abstecher nach rechts zum prächtigen **Bundeshaus** ➡ bC2, das 1902 im Stil der Neorenaissance fertiggestellt wurde. Hier tagen die beiden Kammern des Parlaments (National- und Ständerat). Die mit 105 Metern kürzeste Standseilbahn Europas namens **Marzilibahn** führt vom Bundeshaus zum Ufer des Flusses. Die Bundesterrasse belohnt mit toller Aussicht über die Aare.

Vom **Bundesplatz** ➡ bC2 geht es schräg zur Marktgasse, die am **Kornhausplatz** ➡ bB3 mündet. Auf diesem wichtigen Platz stehen neben dem barocken Kornhaus zwei Wahrzeichen von Bern: zum einen der **Zytgloggeturm** aus dem 12. Jahrhundert mit astronomischer Uhr und Glockenspiel, zum anderen der als Abschreckung errichtete **Kindlifresserbrunnen** aus dem 16. Jahrhundert.

Die sich anschließende **Kramgasse** präsentiert sich als geschlossene Einheit schöner Bürgerhäuser mit den einmaligen Arkaden, dank derer auch bei Regen die Lust am Shopping nicht vergeht. Links parallel zur Kramgasse steht das **Rathaus** ➡ bB4, rechts am Ende geht es zum sehenswerten **Berner Münster** ➡ bB/bC3 mit seinem 100 Meter hohen Turm. Die prächtige Kirche

Astronomische Uhr des Berner Zytgloggeturms aus dem 12. Jahrhundert

wurde erst nach mehr als vier Jahrhunderten Bauzeit im Jahr 1893 vollendet. Am Ende der Gerechtigkeitsgasse führt die Nydeggbrücke über die Aareschleife an der spätgotischen Nydeggkirche vorbei direkt zum **Bärengraben** ➡ bB5, in dem nach wie vor echte Bären die Schaulustigen anziehen.

ℹ Bern Tourismus ➡ bB1
Bahnhofplatz 10 A (im Bahnhof)
3001 Bern
✆ 031 328 12 12
www.bern.com

🏛 Einsteinhaus ➡ bB3
Kramgasse 49, Bern
✆ 031 312 00 91
www.einstein-bern.ch
Albert Einstein lebte in diesem Haus an der Kramgasse in der heute noch originalgetreu erhaltenen zweiten Etage von 1903 bis 1905 und erarbeitete dort die Spezielle Relativitätstheorie.

🏛 Historisches Museum ➡ bD3
Helvetiaplatz 5
Bern
✆ 031 350 77 11
www.bhm.ch
Die zweitgrößte kulturhistorische Sammlung der Schweiz im Museumsschloss am Helvetiaplatz umfasst Exponate von der Steinzeit bis zur Gegenwart inklusive einer Abteilung über Albert Einstein.

Schweizerisches Alpines Museum ➡ bC3
Helvetiaplatz 4, Bern
✆ 031 350 04 40
www.alpinesmuseum.ch
Die Ausstellung widmet sich den Schweizerischen Alpen und dem Alpinen Club, Themen sind auch Klima, Fauna und Flora. Mit historischer und moderner Kartografie, Modellen und Panoramaaufnahmen.

Zentrum Paul Klee
➡ östl. bB5
Monument im Fruchtland 3, Bern
✆ 031 359 01 01
www.zpk.org
In drei geschwungenen Hügeln aus Glas und Stahl brachte der italienische Stararchitekt Renzo Piano 2005 das interdisziplinäre Kulturzentrum unter, das die weltweit größte Sammlung des Berner Künstlers und seiner Zeitgenossen zeigt.

Stadttheater Bern ➡ bB3
Kornhausplatz 20, Bern
✆ 031 329 52 52
www.buehnenbern.ch
Das große Dreispartentheater vom Beginn des 20. Jh. spielt vor allem Oper, Operette und Ballett, gelegentlich klassische Musicals.

Schwellenmätteli ➡ bC3
Dalmaziquai 11, Bern
✆ 031 350 50 01
www.schwellenmaetteli.ch
Die Aussichtsplattform unten auf der Aare kombiniert das Doppelrestaurant »Casa« mit italienischer Küche und »Terrasse« mit mediterranen Gerichten. Auch zum Relaxen auf Korbsesseln am rauschenden Fluss geeignet. €€€

Das Zentrum Paul Klee zeigt die weltweit größte Sammlung des Berner Künstlers

Altes Tramdepot ➡ bC5
Grosser Muristalden 6, Bern
✆ 031 368 14 15
www.altestramdepot.ch
Beim Bärengraben lockt das alte Tramdepot mit fantastischer Aussicht auf die Altstadt und Tram-Bier aus der eigenen Brauerei. Dazu gehört das One Suite Hotel Zollhaus mit Aussicht auf die Bären. €€

Biel/Bienne ➡ D5

Die zweitgrößte Stadt im Kanton Bern (55 000 Einw.) trägt die Zweisprachigkeit sogar in ihrem Doppelnamen. Sie besticht durch ihre Lage am 39,3 Quadratkilometer großen Bielersee und geht auf das 12. Jahrhundert zurück. Von 1798 bis 1815 gehörte sie zu Frankreich. In Biel/Bienne wurde 1878 der Schriftsteller Robert Walser geboren. Die Stadt ist Sitz der Uhrenhersteller Swatch, Rolex und Omega sowie des Bundesamts für Kommunikation.

Die sehenswerte Altstadt ist frei von großen Kaufhäusern und internationalen Leuchtreklamen, stattdessen prägen lokale Gewerbebetriebe das Stadtbild rund um die spätgotische **Stadtkirche** aus dem 15. Jahrhundert und die **Zunft der Waldleute** aus dem 16. Jahrhundert. Sehenswert ist auch der neoklassizistische **Bieler Bahnhof** mit dem unveränderten Wartesaal für die erste Klasse sowie dem erhaltenen Art-déco-Bahnhofsbuffet.

Tourismus Biel-Seeland ➡ D5
Bahnhofplatz 12, 2502 Biel/Bienne
✆ 032 329 84 84, www.j3l.ch

So wurde früher Käse hergestellt: die Emmentaler Schaukäserei in Affoltern

Ausflugsziel:

St. Petersinsel ➡ D4
www.st-petersinsel.ch
Restaurant & Klosterhotel St. Petersinsel: Heidenweg 26, Twann-Tüscherz, ✆ 032 338 11 14, Mitte März–Okt. geöffnet
Die Halbinsel inmitten des Bielersees entstand durch den Rückzug des Rhônegletschers nach der letzten Eiszeit und zwei Juragewässerkorrekturen. Geblieben ist ein landschaftlich reizvolles Kleinod, das entlang des Heidewegs erwandert werden kann; die gesamte Insel steht unter Naturschutz. Die Kursschiffe auf dem Bielersee halten am ehemaligen Kloster aus dem 12. Jh., in dem einst Jean-Jacques Rousseau, Goethe und weitere Persönlichkeiten nächtigten. Das heute hier ansässige Hotel bezaubert mit historischem Geist und stilvollem Restaurant (€€–€€€).

Emmental ➡ D/E6

Wer Emmental hört, denkt sofort an Käse und stellt sich eine hügelige Landschaft mit glücklichen Kühen auf blühenden Wiesen vor, hin und wieder mit ein paar stattlichen Bauernhäusern durchsetzt. Genauso sieht es im Emmental wirklich aus! Namensgeber ist der Fluss Emme, der sich durch das Gebiet schlängelt. Die größten Orte sind **Burgdorf** ➡ D6 (16 600 Einw.) und **Langnau** ➡ E6 (9300 Einw.). Traditionelle Erwerbszweige sind Viehzucht, Käseherstellung und Töpferei.

Tourist Office Burgdorf ➡ D6
Bahnhofstr. 14, 3401 Burgdorf
✆ 034 402 42 52
www.emmental.ch

Emmentaler Schaukäserei ➡ D6
Schaukäsereistr. 6, Affoltern i. E.
✆ 034 435 16 11
www.emmentaler-schaukaeserei.ch
Eintritt frei
Die als familienfreundliche Erlebniswelt konzipierte Schaukäserei zeigt, wie echter Emmentaler Käse einst handgemacht wurde und heute maschinell hergestellt wird.

3 Solothurn ➡ D6

Solothurn (16 600 Einw.) wird oft als »schönste Barockstadt der Schweiz« bezeichnet, weil die von Toren umgebenen Altstadt, von 1530 bis 1792 erbaut, noch heute eine architektonische Einheit bildet. Auffallend sind die vielen Zunfthäuser und Figurenbrunnen. Das älteste Bauwerk der Stadt ist der **Zeitglockenturm** aus der ersten Hälfte des 12. Jahrhunderts.

St. Ursenkathedrale in Solothurn

Die bekanntesten Sehenswürdigkeiten sind die 1773 vollendete **St. Ursenkathedrale**, die **Jesuitenkirche**, das **Alte Zeughaus** mit der größten Rüstungssammlung Europas und das bereits im 13. Jahrhundert begonnene **Rathaus**. Kulturell ziehen die Solothurner Literatur-, Film- und Biertage ihr jeweiliges Publikum an. Von 1530 bis 1792 war Solothurn Sitz der französischen Botschafter und wird daher gern Ambassadorenstadt genannt.

Barocke Madonna in der Jesuitenkirche in Solothurn

Solothurn Tourismus ➡ D6
Hauptgasse 69
4500 Solothurn
✆ 032 626 46 46
www.solothurn-city.ch

Historisches Museum Blumenstein ➡ D6
Blumensteinweg 12, Solothurn
✆ 032 626 93 93
www.museumblumenstein.ch
Wer sich für die Wohnkultur zur Hochblüte von Solothurn interessiert, wird in dem Museum im Barockschloss fündig.

Kunstmuseum ➡ D6
Werkhofstr. 30, Solothurn
✆ 032 626 93 80
www.kunstmuseum-so.ch
Eintritt frei, Spende erwünscht
Das städtische Kunstmuseum zeigt seit über 100 Jahren vor allem zeitgenössische Schweizer Kunst, darunter so bekannte Künstler wie Jean Tinguely. Ein weiterer Schwerpunkt ist die Schweizer Landschaftsmalerei vom späten 18. bis ins 20. Jh.

Zum alten Stephan ➡ D6
Friedhofplatz 10, Solothurn
✆ 032 622 11 09
www.alterstephan.ch
In der ehrwürdigen Stadtbeiz im Parterre wird geradlinige und saisongerechte Bistroküche aus marktfrischen Zutaten serviert. Die Zunftstube in der ersten Etage wurde für ihr gutes Preis-Leistungs-Verhältnis vom Guide Michelin gelobt. €€

Confiserie Hofer ➡ D6
Stalden 17, Solothurn
✆ 032 622 22 02
www.confiseriehofer.ch
Familiengeführte Confiserie im Herzen von Solothurn, bereits in der dritten Generation. Bei Hofer kann man im heimeligen Kaffeehaus oder im lauschigen Gärtchen die Zeit vertrödeln und kulinarische Leckereien genießen. €

Berner Oberland

Das Berner Oberland steht wie kaum eine andere Region für die Schweiz, wie man sie sich vorstellt: Chalets in hügeliger Voralpenlandschaft blicken auf die gewaltigen Viertausender. Die friedliche Atmosphäre verrät natürlich nichts über das harte Leben der Bauern, die bis zum aufkommenden Tourismus kein leichtes Los hatten und noch heute ihre Traditionen pflegen. Die Reisenden profitieren in dem nahezu perfekt erschlossenen Gebiet sehr von den Bergbahnen, mit denen sich die Naturschauspiele angenehm erreichen lassen.

Brienz/Meiringen ➡ E7/F7/F8

Die Haslital-Region zwischen dem Brünigpass entlang der Aare und dem Brienzersee umfasst die Gemeinden Brienz, Meiringen und Hasliberg. Durch die Lage an den großen Alpenpässen sind Brienz und Meiringen ideale Ausgangspunkte für Sommer- und Winteraktivitäten.

Fans von Kriminalliteratur ist die Region aus den Romanen um Sherlock Holmes aus der Feder von Sir Arthur Conan Doyle ein Begriff: Am Wasserfall bei Meiringen lässt Doyle seinen Kultermittler ums Leben kommen, muss ihn später jedoch auf Grund massiver Leserproteste wiederbeleben.

Haslital Tourismus ➡ F7
Bahnhofplatz 12, 3860 Meiringen
✆ 033 972 50 50
www.haslital.ch

Sherlock-Holmes-Museum ➡ F7
Bahnhofstr. 26, Meiringen
✆ 033 972 50 00
www.sherlockholmes.ch
Lässig sitzt eine Statue des weltberühmten Detektivs vor dem kleinen Museum am Conan-Doyle-Platz, in dem eine authentische Nachbildung seines gemütlichen Wohnzimmers aus der Londoner Baker Street 221 B mit allerlei Exponaten eingerichtet wurde.

Aareschlucht ➡ F8
Meiringen
✆ 033 971 40 48
www.aareschlucht.ch
Lohnenswertes Naturschauspiel, das man in einer Richtung zu Fuß und auf dem Rückweg auch mit der Bahn absolvieren kann. Die 1400 m lange Schlucht ist die einzige begehbare von insgesamt sieben Schluchten, in denen sich die Aare zwischen Innertkirchen und Meiringen ihren Weg durch einen Felsriegel aus Kalk gesucht hat. An der engsten Stelle nur 1 m breit ragt die Felswand an anderem Ort 18 m in die Höhe.

Reichenbachfall ➡ F7
Willigen, Meiringen
✆ 033 972 90 10
www.reichenbachfall.ch
Mühelos klettert die seit 1899 betriebene Reichenbachbahn ihre 714 m lange Strecke bei 244 m Höhendifferenz zur Aussichtsplattform des berühmten Wasserfalls hinauf.

Der Weg durch die Schlucht entlang der tosenden Aare

Jährlich im Juni wird für Fans von Sherlock Holmes die hier angesiedelte Geschichte »Das letzte Problem« mit dem Kampf von Holmes und seinem Widersacher Professor Moriarty in viktorianischen Kostümen nachgespielt.

Freilichtmuseum Ballenberg ➡ E7
Museumsstr. 100
Hofstetten bei Brienz
✆ 033 952 10 30
www.ballenberg.ch
»Die Schweiz, wie sie einmal war« verspricht das interessante Freilichtmuseum in der Nähe von Brienz. Auf einer Fläche von 66 ha sind 100 alte Gebäude aus der gesamten Schweiz wieder aufgebaut worden, gesetzt in ursprüngliche Naturlandschaften und ergänzt mit 250 Tieren von einheimischen Bauernhöfen. In den Häusern wird traditionelles Handwerk vergangener Jahrhunderte vorgeführt.

Brienz-Rothorn-Bahn ➡ E7
Hauptstr. 149 C, Brienz
✆ 033 952 22 22
www.brienz-rothorn-bahn.ch
Juni–Okt. in Betrieb
Vom Schnitzerdorf Brienz aus fährt eine Dampfbahn von anno 1891 bei 25 % Steigung bis zur Bergstation Rothorn Kulm auf 2244 m Höhe. Herrliche Aussicht auf den türkisfarbenen Brienzersee bis hin zum Lungernsee in Richtung Zentralschweiz.

Die Bergpracht der Dreitausender im Berner Oberland

Grandhotel Giessbach ➡ F7
Brienz
✆ 033 952 25 25
www.giessbach.ch
Die älteste Standseilbahn der Welt mit Mittelweiche fährt zum Giessbachfall neben dem Grandhotel, das 1875 im Stil der Belle Époque errichtet wurde. Zum Glück wurde dieses nicht – wie vor einiger Zeit geplant – abgerissen und durch einen Neubau ersetzt, sondern dank Umweltschützer Franz Weber und vielen Spenden renoviert und weiter betrieben. Die Aussicht aus den nostalgischen Zimmern auf den Brienzersee und den nachts beleuchteten Wasserfall ist eine Wucht.

Grindelwald ➡ F7

Den Gletscherort Grindelwald (3800 Einw.), seit 1880 der erste Wintersportort im Berner Oberland, frequentieren vor allem Skifahrer, Wanderer und andere Aktivurlauber, etwa für die Besteigung des Eiger. Die längste Gondelbahn Europas führt auf den Männlichen (2343 m), zum Skigebiet auf den First gelangt man ebenfalls per Gondelbahn, über die Kleine Scheidegg geht es auf das Jungfraujoch. 220 Pistenkilometer und der längste Schlittenweg der Alpen bieten grenzenloses Schneevergnügen. Einst wurde hier der »Velogemel« erfunden, eine Kreuzung aus Schneefahrrad und Schlitten – leider hat es sich woanders nicht durchgesetzt.

Grindelwald Tourismus ➡ F7
Dorfstr. 110
3818 Grindelwald
✆ 033 854 12 12
www.grindelwald.swiss

Der Höheweg, der gesellschaftliche Treffpunkt in Interlaken

Bussalp ➡ F7
Grindelwald
✆ 033 853 37 51
www.bergrestaurant-bussalp.ch
Juni–Okt. geöffnet
Das Bergrestaurant ist ein idealer Ausgangspunkt für Genusswanderungen auf 1800 m Höhe. Weitere Aktivitäten: im Winter Schlitteln und im Sommer Trottinetabfahrten. €

Gstaad ➡ G5

Das Dorf auf 1050 Metern, zur Gemeinde Saanen (6900 Einw.) gehörig, ist ein nobler Ferienort, bekannt vor allem durch seine Turniere im Tennis und Polo. Auch musikalisch wird einiges geboten: Ein Festival ist dem einstigen Schweizer Geigenvirtuosen Yehudi Menuhin gewidmet, ein anderes der Countrymusic. Der autofreie Ortskern besteht aus einer Promenade mit Luxusboutiquen und Restaurants. Manche Prominente genießen hier ihre Ferien nach Gstaads Motto »Come up, slow down«. Rodelliebhaber finden eine der schnellsten Sommerrodelbahnen der Schweiz.

i Gstaad Saanenland Tourismus ➡ G5
Promenade 41, 3780 Gstaad
✆ 033 748 81 81
www.gstaad.ch

Interlaken ➡ F6

Der Name ist Programm: Zwischen zwei Seen liegt die Stadt (5900 Einw.), die neben Luzern zum touristischen Pflichtprogramm gehört. In grauer Vorzeit waren der **Thunersee** und der **Brienzersee** verbunden, doch lange nach der letzten Eiszeit bildete sich das »Bödeli«, auf dem der heutige Ort gebaut wurde.

Als städtebauliches Highlight hat Interlaken nur das Grandhotel Jungfrau-Victoria zu bieten. Hingegen dient der Ort als idealer Ausgangspunkt für den Aufstieg zur Jungfrauregion. Dieser kann jährlich im September auf besonders anstrengende Art absolviert werden, denn dann startet von Interlaken aus der Jungfrau-Marathon bis zur Kleinen Scheidegg.

i Interlaken Tourismus ➡ F6
Höheweg 37, 3800 Interlaken
✆ 033 826 53 00
www.interlaken.ch

4 Jungfrau-Region ➡ F7

Das Jungfraumassiv mit Jungfrau (4158 m), Mönch (4099 m) und Eiger (3970 m) fasziniert Einheimische wie Reisende seit Jahrhunderten. Erst durch die Bergbahnen wie die 1912 eröffnete Jungfraubahn wurde der Aufstieg für viele Menschen machbar. Die

Eiger-Nordwand ist als gefährliches Kletterziel berüchtigt.

Das autofreie Bergdorf **Mürren** liegt gegenüber dem gewaltigen Jungfrau-Gebirgsmassiv auf einem balkonartigen Felsvorsprung über dem **Lauterbrunnental**. Zu erreichen ist der Ort nur mit der Zahnrad- oder Seilbahn. Mürren gilt als Geburtsstadt des modernen Abfahrtslaufs, im Jahr 1924 wurde hier das weltweit erste Slalomrennen organisiert. Unübertroffen ist die herausfordernde, 14 Kilometer lange Abfahrt vom Schilthorn (2970 m) mit atemberaubender Aussicht. Das Schilthorn ist Ziel eines Triathlons, der am Thunersee beginnt.

Das nahezu autofreie Dorf **Wengen** am Fuße der Jungfrau liegt auf einer 1274 Meter hohen Sonnenterrasse und an der Bahnstrecke via Kleine Scheidegg zum Jungfraujoch. Das Walserdorf richtet jeden Januar das Lauberhornrennen aus, eine der schwierigsten Pisten des alpinen Ski-Weltcups.

Wengen Tourismus ➡ F7
Dorfstrasse, 3823 Wengen
✆ 033 856 85 85
www.wengen.swiss

Jungfraujoch – Top of Europe ➡ F7
Interlaken
✆ 033 828 72 33
www.jungfrau.ch
Die gut zwei Stunden dauernde Bahnreise von Interlaken zum höchsten Bahnhof Europas auf 3454 m führt zu der Aussichtsplattform Top of Europe mit prächtiger Sicht auf den Aletschgletscher, der im Weltnaturerbe der UNESCO eingetragen ist.

Swiss Skyline ➡ F6
Lengwald 301
Stechelberg
✆ 033 826 00 07
www.schilthorn.ch
Das erste Drehrestaurant der Welt, das übrigens durch Sonnenenergie angetrieben wird, bietet ein atemberaubendes 360-Grad-Alpenpanorama. Während eines gemütlichen Dinners schweben 200 Berggipfel ruhig vorbei. Einige Szenen des James-Bond-Films »Im Geheimdienst ihrer Majestät« wurden hier 1969 gedreht und sorgten für großen Bekanntheitsgrad. Seit 2016 gibt es den Thrill Walk auf der Mittelstation Birg mit großartigem Blick.

Blick auf das Jungfraumassiv mit Eiger, Mönch und Jungfrau (v. l. n. r.) im Berner Oberland

Simmental ➡ F/G5

Das malerische Simmental zwischen **Gstaad** und **Spiez** entspricht in etwa dem Bild, das man sich gewöhnlich von der Schweiz macht. Entlang der idyllischen Simme kann man bestens wandern. Ein typischer Ort mit Holzhäusern im Unteren Simmental ist das 1700 Seelen zählende **Erlenbach**, wo Viehmärkte stattfinden. Hauptort des Oberen Simmentals ist **Zweisimmen** (3100 Einw.), von dort ist der Kurort **Lenk** (2300 Einw.) zu erreichen. Um einen Eindruck zu erhalten, lohnt sich der Weg entlang der Landstraße 11 von Spiez bis nach Saanen.

Lenk-Simmental Tourismus
➡ F5
Rawilstr. 3
3775 Zweisimmen
✆ 033 736 35 35
www.lenk-simmental.ch

Thunersee ➡ E/F6

Für viele Einheimische ist er der schönste See der Schweiz. Beginnend bei der Mündung der Aare in **Thun** (43 700 Einw.) erstreckt er sich 17,5 Kilometer in der Länge und 3,5 Kilometer in der Breite bis nach Interlaken. Zwei Wege führen um den See: die schnellere südliche Route entlang der Autobahn und die viel interessantere nördliche Strecke mit einigen Aussichtspunkten.

Noch heute leben Berufsfischer am Thunersee von ihrer traditionellen Tätigkeit. Seit rund 190 Jahren fahren Ausflugsschiffe auf dem See, darunter ein historischer Schaufelraddampfer. Die Hänge entlang dem See dienen auch dem Weinanbau. Die Open-Air-Musicals der Thuner Seespiele haben das Städtchen international bekannt gemacht. Ein weiterer hübscher Ort an einer Landzunge auf der südlichen Seeseite ist **Spiez** (12 900 Einw.).

Schloss Oberhofen am Thunersee

Thunersee Tourismus ➡ E6
Seestr. 2, 3600 Thun
✆ 033 225 90 00
www.thunersee.ch

Schlossmuseum Thun ➡ E6
Schlossberg 1, Thun
✆ 033 223 20 01
www.schlossthun.ch
Wahrzeichen von Thun ist das weithin sichtbare Schloss, das die Zähringer Herzöge 1190 errichteten und die Stadt Bern 1384 übernahm. Heute ist hier das **Historische Museum** untergebracht; hervorzuheben ist der Rittersaal.

St.-Beatus-Höhlen ➡ F6
Sundlauenen
✆ 033 841 16 43
www.beatushoehlen.ch
April–Okt. geöffnet
Auf der nördlichen Seite des Thunersees liegen die Höhlen, die einer Sage nach dem hl. Beatus im 6. Jh. als Unterschlupf dienten. Die Tropfsteinhöhle unterhalb des Beatusbergs entstand durch unterirdische Erosion im Kreidekalk des Niederhornmassivs. 15 km wurden vermessen, 1 km sehen Besucher bei einer geführten Tour.

Ausflugsziel:

Naturpark Blausee
➡ F6
Etwa 30 km südlich von Thun
www.blausee.ch
Ein verstecktes Juwel: Fernab der Straße führt ein Spaziergang 200 m durch den Naturpark zu dem türkisblauen See. Mit Spielplatz und ausgezeichnetem Restaurant.

Wallis

Die Natur schuf mit dem Wallis eine überwältigende Ferienkulisse für Sommer- und Winterurlauber. Wallis bedeutet eine Vielzahl von Viertausendern mit dem Matterhorn als Krönung. Mit Sicht auf die einmalige Natur mit ihren Gipfeln und Gletschern bauten die Walliser ihre typischen hölzernen Chalethäuser, die dem zweisprachigen Kanton seine besondere Note geben. Das landschaftlich vielfältige Gebiet erstreckt sich über 150 Kilometer vom Genfersee bis hin zum Rhônegletscher.

Wallis Promotion
Avenue de Tourbillon 11
1951 Sion
✆ 027 327 36 00
www.valais.ch

5 Grosser Aletschgletscher

➡ F/G7

Der mit 20 Kilometern Länge größte Gletscher der Alpen besteht aus ca. 10 Milliarden Tonnen Eis und reicht von der Jungfrauregion bis ins Rhônetal. Er gehört seit 2001 zum UNESCO-Welterbe **Swiss Alps Jungfrau-Aletsch**. Hübsche Tourismuszentren sind **Riederalp**, **Bettmeralp** und **Fiesch**, von dort können auch Gletschertouren unternommen werden. Den schönsten Ausblick auf den Eisgiganten hat man von den View Points Hohfluh, Moosfluh, Bettmerhorn und Eggishorn in der Aletsch Arena. Durch die Klimaveränderungen geht der Aletschgletscher jährlich um etwa 50 bis 80 Meter zurück.

Aletsch Arena ➡ G7
Furkastr. 39, 3983 Mörel-Filet
✆ 027 928 58 58
www.aletscharena.ch

Villa Cassel ➡ G7
Riederalp
✆ 027 928 62 20
www.pronatura-aletsch.ch
Historisches Fachwerkhaus mit prachtvollem Parkettboden und einer Einrichtung aus der Zeit der englischen Adelsgäste, in dem Wanderer heute im Tee-Salon eine Pause einlegen und sogar übernachten können. Das Pro Natura Zentrum Aletsch bietet im Haus während der Saison ein reichhaltiges Kulturangebot. €€

Brig ➡ G7

Die 13 600 Einwohner zählende Doppelgemeinde **Brig-Glis** liegt bei der Mündung des Bergbachs Saltina in die Rhône. Zwar ist Brig touristisch weniger bekannt als Zermatt und Saas-Fee, dafür ist es einer der besten Ausgangspunkte für Wander- und Familienferien in den Alpen. Vom Bahnhofplatz aus fahren mehrere Postbuslinien in die Tourismusgebiete bzw. über den Simplonpass. In der hübschen

Der Grosse Aletschgletscher ist der längste seiner Art in den Alpen

Altstadt steht mit dem **Stockalperpalast** der größte private Barockbau der Schweiz. Das **Schloss** mit seinen drei von Weitem sichtbaren Türmen Kaspar, Melchior und Balthasar erbaute der reiche und gemeinnützige Kaspar von Stockalper im 17. Jahrhundert.

Brig Simplon Tourismus ➡ G7
Bahnhofstr. 2, 3900 Brig-Glis
✆ 027 921 60 30
www.brig-simplon.ch

Crans-Montana ➡ G5

Der beliebte Sommerkur- und Wintersportort liegt auf einem Hochplateau über dem Rhônetal unweit von Sierre. Die Ursprünge von Montana reichen bis zum Sanatorium Beauregard zurück, das hier 1897 wegen des milden Klimas, der dichten Wälder und der fünf Bergseen gegründet wurde. Das Zentrum der Doppelgemeinde liegt im 1929 entstandenen Crans-sur-Sierre. Statt als typisches Chaletdorf präsentiert sich Crans-Montana (10 300 Einw.) als mondäner Kurort mit noblen Geschäften und hübschen Restaurants. Neben dem Alpinski zieht auch der Golfplatz die Besucher an, wichtig ist das Omega European Masters im September.

Crans-Montana Tourisme
➡ G5
Route des Arolles 4
3963 Crans-Montana
✆ 027 485 04 04
www.crans-montana.ch

Grimselpass ➡ F8

Der Grimselpass liegt auf einer Höhe von 2165 Metern und verbindet das Haslital im Kanton Bern mit dem Wallis. Auffallend sind neben den Murmeltieren der **Grimselsee** und die vielen weiteren Speicherseen, deren Staumauern hauptsächlich mehreren

Drei weithin sichtbare Türme: der Stockalperpalast in Brig

Wasserkraftwerken dienen. Die **Passstraße** ist von Oktober bis Mai gesperrt. Sie führt in Verbindung mit dem Furkapass und dem St.-Gotthard-Pass bis ins Tessin.

Grimsel Hospiz ➡ F8
Guttannen
✆ 033 982 46 11
www.grimselhotels.ch
Das historische Alpinhotel aus dem Jahr 1932 ähnelt mit seiner markanten Steinfassade einer Burg in den Bergen und liegt über einem türkisfarbenen Stausee. Ein guter Stopp am Pass oder gleich für eine Nacht im seinerzeit ersten elektrisch beheizten Hotel Europas. €€

Leukerbad ➡ G6

Der Thermal- und Winterort Leukerbad (1300 Einw.) liegt entlang der Dala auf einer Höhe von 1411 Metern in einem Talkessel, wobei die umgebenden Berge mehr als 2700 Meter erreichen. Die heißen Quellen des Orts waren schon zu Römerzeiten bekannt und helfen u. a. bei Rheuma- und Nervenleiden.

Der im 18. Jahrhundert viermal von Lawinenkatastrophen heimgesuchte Kurort wurde einst von wohlhabenden Ausländern besucht, die seit den 1930er Jahren ausblieben. Notgedrungen öffnete sich der Ort einem breiteren Publikum und setzte später zusätzlich auf den Skitourismus. Die

Investitionen zum Aufbau der Infrastruktur brachten die hochverschuldete Stadt 1998 unter Zwangsverwaltung, doch das Resultat kommt den Besuchern zugute.

Leukerbad Tourismus ➡ G6
Rathaus, 3954 Leukerbad
✆ 027 472 71 71
www.leukerbad.ch

Leukerbad Therme ➡ G6
Rathausstr. 32, Leukerbad
✆ 027 472 20 20
www.leukerbad-therme.ch
Die größte Thermalbadeanstalt Europas bietet inmitten der Walliser Bergwelt zehn verschiedene Thermalbecken, eine 70 m lange Wasserrutsche und ein umfangreiches Wellnessangebot.

Gemmi Bahn und Gemmi Lodge ➡ G6
Leukerbad
✆ 027 470 18 39
www.gemmi.ch
Die neue Luftseilbahn der familiengeführten Gemmi Lodge schwebt bis auf 2350 m. Beim Gemmipass genießt man einen atemberaubenden Panoramablick auf die Walliser Bergwelt. Mutige erklimmen den Erlebnisklettersteig Gemmiwand.

Rhônegletscher ➡ F8
Der Gletscher ist etwa zehn Kilometer lang und bedeckt eine Fläche von 17 Quadratkilometern, ist also kleiner als der Aletschgletscher. An der Gletscherzunge auf etwa 2250 Metern entspringt die Rhône, die quer durch das Wallis bis nach Frankreich fließt. Die größte Ausdehnung reichte anno 1856 bis zum Ort Gletsch, heute endet der Rhônegletscher beim Furkapass. Jährlich büßt er knapp neun Meter Länge und 25 Zentimeter Dicke ein.

Entlang dem Furkapass fährt eine **Dampfbahn** von Juni bis September zwischen Realp und Oberwald (www.dfb.ch).

Eisgrotte und Gletscherlehrpfad ➡ F8
Belvédère/Obergoms
✆ 027 973 11 29
www.gletscher.ch
Gegenüber dem geschlossenen historischen Hotel Belvédère, 3 km unterhalb der Furka-Passhöhe, lohnt sich der Besuch der etwa 100 m langen Eisgrotte, die jedes Jahr an einer anderen Stelle ins Eis geschlagen wird. Im Jahr 2016 wurde der Kneipp- und Alpengarten eröffnet und der erste Teil vom Gletscherlehrpfad freigegeben.

Skifahrer schätzen den ländlichen Charme des Gletscherdorfs Saas-Fee

Saas-Fee ➡ H7

Das **Saastal** gehört zu den schönsten Landschaften der Schweiz und wird vom Gletscherdorf Saas-Fee gekrönt. Der autofreie Ort mit 1600 Einwohnern auf 1800 Metern Höhe blickt auf 13 Viertausender und verfügt über 280 Kilometer Wanderwege. Das Ortsbild mit typischen Chalets hat sich glücklicherweise seinen ländlichen Charakter bewahrt. Dank mildem Klima wurde zuletzt das Angebot an Wellnesseinrichtungen erweitert.

Im recht schneesicheren Winter sorgen 100 Kilometer Skipisten, ein Snowboardpark, eine Rodelbahn und 20 Kilometer Wanderwege für Abwechslung. Sogar im Sommer sind einige Pisten auf dem Feegletscher geöffnet.

Saas-Fee Tourismus ➡ H7
Obere Dorfstr. 2
3906 Saas-Fee
✆ 027 958 18 58
www.saas-fee.ch

Drehrestaurant Allalin
➡ H7
Mittelallalin, Saas-Fee
✆ 079 263 71 82
www.saas-fee.ch/drehrestaurant
Auf 3500 m Höhe am Berg Allalin steht das welthöchste Drehrestaurant mit 360-Grad-Alpenpanorama, das wallisische Gerichte sowie italienische Küche serviert. Im Sommer gibt es donnerstags Frühstück zum Sonnenaufgang. €€

Sion (Sitten) ➡ H5

Die wallisische Kantonshauptstadt Sion (35 700 Einw.) liegt im französischsprachigen Teil des Kantons, selten wird der deutsche Begriff Sitten verwendet. Dominant in Sion ist der Valère-Felsen, auf dem im 12. Jahrhundert die Wallfahrtskirche **Notre-Dame de Valère** errichtet wurde. In der Altstadt sind insbesondere

Walliserinnen aus dem Saastal in ihren traditionellen Trachten

das **Renaissance-Rathaus** sowie die **Kathedrale Notre-Dame-du-Glarier** aus dem 15. Jahrhundert sehenswert.

Sion Tourisme ➡ H5
Espace des Remparts 19, 1950 Sion
✆ 027 327 77 27
www.siontourisme.ch

Verbier ➡ H5

Der Wintersportort (3300 Einw.) im französischsprachigen Teil vom Wallis zählt zu den besten Skigebieten der Alpen. Hier gibt es einige der steilsten und anspruchsvollsten Strecken für Variantenabfahrten. Über 400 Kilometer Abfahrtstrecken verbinden vier Täler miteinander und locken vor allem junge und abenteuerlustige Skifans, die auch die moderne und gleichzeitig entspannte Stadt zu schätzen wissen. Das wohl kosmopolitischste Dorf im Wallis ist auch im Sommer eine Reise wert: 500 Kilometer Wanderwege und 826 Kilometer Mountainbikepisten ermöglichen Erkundungen in einer spannenden Bergwelt, zudem gibt es einen 18-Loch-Golfplatz. Ein grandioses Panorama vom Matterhorn bis zum Mont Blanc bietet die Aussichtsplattform des 3330 Meter hohen **Mont-Fort**.

Verbier Tourisme ➡ H5
Route de Verbier Station 61
1936 Verbier
✆ 027 775 38 88
www.verbier.ch

Bahnstation Gornergrat bei Zermatt, im Hintergrund das Matterhorn

Zermatt ➡ H6
Der wohl bekannteste Wintersportort der Schweiz, Zermatt (5700 Einw.), liegt auf 1600 Metern Höhe und ist vor allem aufgrund seiner Lage unterhalb des **Matterhorns** ➡ J6 beliebt. Der berühmteste Berg des Landes ist mit 4478 Metern Höhe zwar nur der siebthöchste Alpenberg, doch sein charakteristischer dreieckiger Gipfel macht ihn unverkennbar und gab der Toblerone-Schokolade ihre Form. Bereits 1865 wurde das Matterhorn erstmals bestiegen. Die **Gornergratbahn** ist die älteste und zweithöchste Zahnradbahn der Schweiz. Bei der Station **Riffelalp** ➡ J6 auf halber Höhe beginnt mit der **Riffelalptram** die höchstgelegene Straßenbahn Europas, die im Sommer zum Riffelalp Resort fährt.

Das autofreie Zermatt gilt als Kurort und behielt seinen dörflichen Ortskern, ohne – wie so manche Bergdörfer im Bündnerland – große Bausünden ertragen zu müssen. Die 120 Hotels bieten 30 000 Betten. Durch das Dorf bewegt man sich zu Fuß oder mit kleinen Elektrofahrzeugen. Für Ausflüge stehen Pferdekutschen bereit. Die schönste Anreise erfolgt von St. Moritz aus mit dem **Glacier Express**, dem langsamsten Schnellzug der Welt. Die Panoramafahrt entlang der Hochalpen durch 91 Tunnel und über 291 Brücken dauert siebeneinhalb Stunden.

Der **Europaweg** (www.europaweg.ch) führt als beliebte Zweitagewanderung von Grächen nach Zermatt. Highlight ist die 2017 eröffnete **Charles Kuonen Hängebrücke**, mit 494 Metern die weltweit längste Fußgängerbrücke.

i Zermatt Tourismus ➡ H6
Bahnhofplatz 5
3920 Zermatt
✆ 027 966 81 00
www.zermatt.ch

Matterhorn Museum Zermatlantis ➡ H6
Kirchplatz 11, Zermatt
✆ 027 967 41 00
www.zermatt.ch
Das Museum in Form des fiktiven versunkenen Dorfs Zermatlantis erzählt die Geschichte des Matterhorns und macht glaubhaft, dass dessen Ursprung eigentlich in Afrika liegt.

Zentralschweiz

Die Innerschweiz ist historisch gesehen die Wiege des Landes und gleichzeitig eine der vielfältigsten Regionen. Der Vierwaldstättersee zieht die Reisenden in seinen Bann und die Stadt Luzern beeindruckt mit ihrer prächtigen Altstadt sowie der hölzernen Kapellbrücke. Die Region umfasst die Urkantone Uri, Schwyz und Unterwalden sowie Luzern, Obwalden, Zug und Teile des Aargaus.

Einsiedeln ➡ D9

Die Kulturstätte ist bereits mehr als tausend Jahre alt und entstand etwa dort, wo im Jahr 861 der Mönch Meinrad in seiner Einsiedlerklause ermordet wurde. Bereits 947 wurde Einsiedeln zum Königskloster. Der inzwischen 16 300 Einwohner zählende Ort am Jakobsweg entwickelte sich zum berühmtesten Schweizer Wallfahrtsort.

Kloster Einsiedeln ➡ D9
Einsiedeln
✆ 055 418 61 11
www.kloster-einsiedeln.ch
Besichtigung nur mit Führung
Das Benediktinerkloster Maria Einsiedeln gilt als besonders gelungenes Beispiel des Vorarlberger Barocks in der Schweiz. Ursprünglich als romanisches Kloster erbaut, wurde die Anlage zunächst gotisch und dann zu einem Barockstift umgestaltet.

Die doppeltürmige Abtei- und Kathedralkirche Maria Himmelfahrt und St. Mauritius gilt als bedeutendste Barockkirche des Landes, wobei die Wallfahrts- und Klosterkirche besonders für das holzgeschnitzte Gnadenbild der Schwarzen Madonna aus dem 15. Jh. bekannt ist. Die Stiftsbibliothek umfasst etwas 230 000 Bücher, sehenswert ist vor allem der zugängliche Große Barocksaal.

Engelberg und Titlis ➡ E8

Der 4300 Einwohner zählende Klosterort Engelberg verdankt seinen Erfolg als Sommer- und Winterkuradresse vor allem der Lage unterhalb des Titlis. Ein Highlight ist die Fahrt mit der ersten drehbaren Luftseilbahn der Welt auf den 3238 Meter hohen Berg. Gleitschirmflieger reisen per Seilbahn zum Abflugpunkt auf dem Brunni, Bergliebhaber übernachten in der Hütte auf der Fürenalp. Oder wie wäre es mit Bungee-Jumping aus der Luftseilbahnkabine?

Engelberg Titlis Tourismus ➡ E8
Hinterdorfstr. 1
6390 Engelberg
✆ 041 639 77 77
www.engelberg.ch

Entlebuch und Schrattenfluh ➡ D/E7

Die Region **Entlebuch** im Tal der Kleinen Emme, einziges UNESCO-Biosphärenreservat der Schweiz, ist reich an Naturschätzen und touristisch noch kaum entdeckt. Flach- und Hochmoore wechseln mit trockenen Lebensräumen. So findet sich auf kleinstem Raum eine ungeheure Vielfalt an Flora und Fauna. Mit etwas Glück erhascht der Wanderer einen Blick auf einen Vertreter der bedrohten Tierarten, die hier zu Hause sind, wie Uhu, Luchs oder Auerhahn.

Ganz anders, doch nicht minder eindrucksvoll zeigt sich das wild zerklüftete Karstfeld **Schrattenfluh**, das mit bizarren Gesteinsformationen und spektakulären Alpenblicken zum Wandern einlädt.

Biosphärenzentrum ➡ E7
Chlosterbüel 28
6170 Schüpfheim
✆ 041 485 88 50
www.biosphaere.ch
Das Zentrum bietet Exkursionen und Veranstaltungen an.

Luzern ➡ D8
Die Postkartenstadt (83 800 Einw.) ist zweifellos eines der Schweizer Aushängeschilder und lockt mit ihrem herrlichen Panorama der Alpen über dem Vierwaldstättersee mit seinen Raddampfern viele Reisende aus der ganzen Welt in die Region. Die Stadt wurde 1178 gegründet und bereits 1332 an die Urkantone angeschlossen. Die einer Sage zufolge nach »Laterne« oder »Licht« benannte Stadt wuchs vor allem nach der Eröffnung des St.-Gotthard-Passes. In der Vergangenheit besuchten viele berühmte Persönlichkeiten Luzern, darunter Friedrich Nietzsche, Victor Hugo, Mark Twain, Richard Wagner, Kaiser Wilhelm II., Queen Victoria von England und Winston Churchill.

Hauptanziehungspunkt ist die **Kapellbrücke** ➡ dC2 über der Reuss aus dem Jahr 1333. Die älteste überdachte Holzbrücke in Europa war einst ein Teil der Stadtbefestigung. Ein auf 111 Holztafeln verteilter Bilderzyklus zeigt die Geschichte der Stadt in chaotischer Reihenfolge. Im August 1993 brannte die Brücke lichterloh, dabei wurden 63 Tafeln völlig zerstört, von den 47 geborgenen konnten 30 – wie die Brücke selbst auch – restauriert werden. Den schönsten Blick auf die Stadt und die Kapellbrücke bietet die **Seebrücke**, die beide Seiten der Reuss miteinander verbindet.

Die Altstadt von Luzern nördlich der Reuss beginnt am **Schwanenplatz** ➡ dB/dC2 mit mehreren parallel verlaufenden Gassen mit kleinen Geschäften. Sehenswert ist das **Alte Rathaus** ➡ dC2 aus dem 17. Jahrhundert am Rathausquai, wo dienstags und samstags ein Markt abgehalten wird. Die weiter flussaufwärts gelegene **Spreuerbrücke** ➡ dC1 ist ebenfalls holzgedeckt. Dahinter ragt die **Museggmauer** ➡ dB 1/2 mit ihren neun Wehrtürmen in die Höhe.

Östlich der Altstadt an der Promenade bieten vornehme Luxushotels Zimmer mit prächtiger Aussicht auf den Pilatus. Am nahe gelegenen Löwenplatz können gleich drei Sehenswürdigkeiten

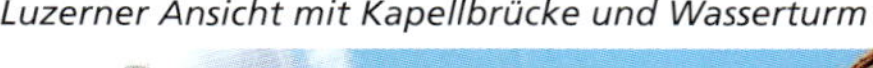
Luzerner Ansicht mit Kapellbrücke und Wasserturm

besichtigt werden. Im **Gletschergarten** ➡ dA3 beeindrucken die Überreste der Eiszeit und die Fauna der Alpen. Im am Ende des 19. Jahrhunderts entstandenen **Bourbaki Panorama** gibt ein Rundgemälde Zeugnis von der ersten humanitären Aktion des Roten Kreuzes im Winter 1871. Daneben erinnert seit 1821 das **Löwendenkmal** an den heroischen Tod von 760 Mitgliedern der Schweizer Garde von Louis VI. beim Angriff auf die Tuilerie anno 1792. Auf dem Weg zurück zur Promenade fällt die **Hofkirche** ➡ dB3 mit ihren beiden gotischen Spitztürmen auf. Das zweite wichtige Gotteshaus ist die **Jesuitenkirche** ➡ dC2 aus dem 17. Jahrhundert südlich der Reuss in der Nähe der Kapellbrücke.

Luzern Tourismus ➡ dC2
Zentralstr. 5, 6002 Luzern
✆ 041 227 17 17
www.luzern.com

Richard Wagner Museum
➡ südl. dD4
Richard-Wagner-Weg 27
Luzern
✆ 041 360 23 70
www.richard-wagner-museum.ch
Der deutsche Komponist bewohnte sechs Jahre lang das Landhaus Tribschen. In dessen Welt eintauchen können die Besucherinnen und Besucher in dem Museum, das in der Villa aus dem 15. Jh. untergebracht ist.

Sammlung Rosengart ➡ dC2
Pilatusstr. 10, Luzern
✆ 041 220 16 60
www.rosengart.ch
Die Privatsammlung der Kunsthändlerin Angela Rosengart besteht aus mehr als 200 Werken von Künstlern der klassischen Moderne, u. a. Cézanne, Kandinsky und Monet. Allein 125 stammen von Paul Klee und 50 von Picasso, der Frau Rosengart einst porträtierte. Gezeigt wird die Kunst in

Das Löwendenkmal in Luzern

einem 100 Jahre alten Haus, einer einstigen Filiale der Schweizerischen Nationalbank.

Verkehrshaus der Schweiz ➡ östl. dB4
Lidostr. 5, Luzern
✆ 041 375 75 75
www.verkehrshaus.ch
Das 1959 eröffnete Verkehrshaus am Lido in Luzern ist das größte Schweizer Museum rund um die Themen Verkehr, Tourismus und Telekommunikation, die auf lebendige Art vermittelt werden. Dazu gehören auch ein 3-D-Filmtheater sowie ein Planetarium.

Bourbaki Panorama
➡ dA/dB3
Löwenplatz 11, Luzern
✆ 041 412 30 30
www.bourbakipanorama.ch
Das 10 m hohe und 110 m breite Rundgemälde gibt auf multimediale Art Zeugnis von der ersten humanitären Aktion des Roten Kreuzes im Winter 1871.

Gletschergarten
➡ dA3
Denkmalstr. 4, Luzern
✆ 041 410 43 40
www.gletschergarten.ch
Im Naturdenkmal mit Museum und Park können die Überreste der Eiszeit und die Fauna der Alpen bestaunt werden.

Das Rathaus von Schwyz

Kultur- und Kongresszentrum ➡ dC3
Europaplatz 1, Luzern
✆ 041 226 70 70
www.kkl-luzern.ch
Das moderne Kultur- und Kongresszentrum neben dem Bahnhof ist zu einem Wahrzeichen der Stadt geworden. Es setzt sowohl akustisch Maßstäbe als auch architektonisch: Weithin sichtbar ist das vorstehende Dach des überwiegend schwarzen Glasgebäudes, entworfen vom Pariser Stararchitekten Jean Nouvel. Hier am Sitz des Luzerner Sinfonieorchesters findet u.a. im Sommer das **Lucerne Festival** statt.

Wirtshaus Taube ➡ dC1
Bürgerstr. 3, Luzern
✆ 041 210 07 47
www.taube-luzern.ch
Spezialitäten der Region werden hier noch zubereitet wie zu Großmutters Zeiten. €€

Schwyz ➡ D9

Das Land heißt eigentlich Confoederatio Helvetica, daher die gebräuchliche Abkürzung CH, doch im Ausland konnte man sich von den Urkantonen besonders Schwyz merken. Daher hat sich in Abwandlung die »Schweiz« als Landesname eingebürgert. Der Kanton Schwyz breitet sich zwischen dem Zürichsee und dem Vierwaldstättersee aus.

In der gleichnamigen Kantonshauptstadt (15 700 Einw.) wird im **Bundesbriefmuseum** der Originalbrief über die Besiegelung der Eidgenossenschaft aufbewahrt. Sehenswert am Hauptplatz ist vor allem das freskengeschmückte **Rathaus** aus dem 17. Jahrhundert.

Die **Erlebnisregion Mythen** hieß früher »Swiss Knife Valley«, was auf die Firma Victorinox zurückgeht, die täglich 25 000 Stück der weltberühmten roten Schweizer Sackmesser herstellt, die im Ausland Taschenmesser heißen. Die pyramidenförmigen Hausberge von Schwyz sind der **Kleine** und **Grosse Mythen** (1899 m), in der Nähe befinden sich mehrere Wintersportorte, u.a. **Hoch-Ybrig**.

Schwyz Tourismus ➡ D9
Zeughausstr. 10, 6430 Schwyz
✆ 041 855 59 50
www.schwyz-tourismus.ch

Forum der Schweizer Geschichte ➡ D9
Zeughausstr. 5, Schwyz
✆ 041 819 60 11
www.forumschwyz.ch
In der anschaulichen und multimedialen Ausstellung mit etwa 800 Exponaten können die Gäste nachempfinden, wie der Schweizer Alltag vom 14. bis ins 18. Jh. aussah.

Urnersee ➡ D/E9

Die Fortsetzung des Vierwaldstättersees in den Kantonen Uri und Schwyz ist der Urnersee, der etwa bei **Brunnen** beginnt. Faszinierend ist die Fahrt entlang der Axenstrasse genannten Nationalstraße 4 von Brunnen via Flüelen bis nach Altdorf. Der Urnersee erinnert mit seinen gewaltigen Bergen auf beiden Seiten an norwegische Fjorde. Das **Urserntal** gilt als schneesicheres Pistengebiet, während Wanderer gern den Urnersee auf dem 35 Kilometer langen »Weg der Schweiz« umrunden.

Auf der Westseite soll im Jahr 1291 auf der berühmten **Rütliwiese** der Rütlischwur der Urkantone Uri, Schwyz und Unterwalden besiegelt worden sein. Unweit davon steht der nur vom Wasser zugängliche **Schillerstein**. Der 30 Meter hohe Felsstein befand sich bereits im Mittelalter an dieser Stelle und wurde später dem Schriftsteller für seine literarischen Verdienste um Wilhelm Tell gewidmet.

Entlang der genannten Route auf der Ostseite liegt die **Tellsplatte** mit eigener Anlegestelle. Hier soll Wilhelm Tell vom Boot des Landvogts Gessler gesprungen sein; seit dem 14. Jh. erinnert eine **Kapelle** an die Legende.

Auf dem Marktplatz von **Altdorf** → E9 (9900 Einw.), dem etwas südlich des Urnersees gelegenen Hauptort des Kantons Uri, steht die übergroße Statue Wilhelm Tells. Der berühmte Armbrustschütze soll hier einen Apfel vom Kopf seines Sohnes geschossen haben.

i **Uri Tourismus** → E9
Schützengasse 11
6460 Altdorf
✆ 041 874 80 00, www.uri.swiss

6 Vierwaldstättersee → D/E8

Der viertgrößte See der Schweiz verdankt seinen Namen den angrenzenden drei Urkantonen Uri, Schwyz und Unterwalden sowie Luzern, die auch als »Waldstätte« bezeichnet wurden. Kein See ist so vielfältig wie der Vierwaldstättersee, der auf Englisch einfach nur Lake Lucerne heißt. Die Teilgebiete Luzerner, Alpnacher, Küssnachter und Urnersee geben ihm die ungewöhnliche Form.

Ein wichtiger Ort am See ist **Küssnacht** → D8 an der Rigi, denn hier soll Wilhelm Tell den Landvogt Gessler mit der Armbrust erschossen haben. »Durch diese hohle Gasse soll er kommen«, heißt es bei Schiller, die Gasse liegt zwei Kilometer nordöstlich von Küssnacht. Ein herrliches Panorama und einen Golfplatz mit

Inmitten saftiger Wiesen: die Kirche von Flüelen am Vierwaldstättersee

toller Aussicht bietet der **Bürgenstock**. Ein weiterer hübscher Ort ist **Vitznau**, gelegen in einer idyllischen Seebucht unterhalb von der Rigi.

Schifffahrtsgesellschaft des Vierwaldstättersees ➡ D8
Werftestr. 5, Luzern
✆ 041 367 67 67
www.lakelucerne.ch
Die Schönheit des Vierwaldstättersees ist am besten von Bord eines Schiffes aus zu bestaunen: Zur Auswahl stehen fünf etwa 100 Jahre alte Dampfschiffe mit Schaufelrädern sowie eine Vielzahl an Motorschiffen für Linien- und Ausflugsfahrten.

CabriO ➡ E8
Stansstaderstr. 19, Stans
✆ 041 618 80 40
www.stanserhorn.ch
Die weltweit erste oben offene Seilbahn verbindet das am Vierwaldstättersee gelegene Stans mit dem Stanserhorn (1898 m).

Pilatus-Bahnen ➡ D/E8
Schlossweg 1, Kriens
✆ 041 329 11 11, www.pilatus.ch
Der Pilatus ist nicht nur der Hausberg der Luzerner, sondern ein ganzes Bergmassiv, dessen höchste Spitze 2120 m aufragt. Die 1889 eröffnete **Pilatusbahn** erklimmt das beliebte Ausflugsziel von **Alpnachstad** ➡ E8 aus als steilste Zahnradbahn der Welt in einem Winkel von 48 Grad. Ab **Kriens** ➡ D8 führen Panorama-Gondeln in 30 Minuten gemächlich bis zur Fräkmüntegg. Dort wechselt man in die »Dragon Ride« Luftseilbahn bis nach Pilatus Kulm.

Eine Reihe von Mythen und Sagen ranken sich um den Berg, der sich auch zum Gleitschirmfliegen, Klettern und Rodeln eignet. Wer die Aussicht über den Vierwaldstättersee am Abend oder frühen Morgen erleben möchte, übernachtet im historischen Berghotel Pilatus-Kulm bei der Seilbahn.

Rigi-Bahnen ➡ D8
Vitznau
✆ 041 399 87 87, www.rigi.ch
Die Rigi (1800 m) östlich von Luzern wurde 1871 als erster Berg in Europa mit einer Bahn erschlossen. Ab Vitznau am Vierwaldstätter- und Goldau am Zugersee verkehren Zahnradbahnen, von Vitznau aus dauert die Fahrt eine halbe Stunde, die Dampfbahn braucht dreimal so lange.

Tierpark Goldau ➡ D8/9
Parkstr. 38, Goldau
✆ 041 859 06 06
www.tierpark.ch
Der beliebte Tierpark zeigt in einem 17 ha großen Waldgebiet 100 Wildtierarten. Die naturbelassene Landschaft mit ihrer bizarren Schönheit geht auf einen Bergsturz aus dem Jahr 1806 zurück.

Lämmer auf den grünen Matten oberhalb des Vierwaldstättersees

Zug ➡ D8

Klein, aber fein. Der kleinste Kanton gilt als Steuerparadies, daher residiert eine Reihe von Konzernen und berühmten Persönlichkeiten in Zug bzw. führt dort eine Briefkastenadresse. Nirgendwo sonst in der Schweiz ist das Pro-Kopf-Einkommen so hoch.

Das nur 31 500 Einwohner zählende Zug liegt am **Zugersee**, der eine freie Sicht auf die beiden Berge Pilatus und Rigi ermöglicht.

Sehenswert am Kolinplatz ist der **Zytturm** aus dem 15. Jahrhundert mit astronomischer Uhr. Die fußläufige historische Altstadt im Stil der Spätgotik lädt zum Flanieren am See ein. Der Name geht der Sage nach auf einen guten Fangzug zurück, den Fischer einst an den Gestaden des Sees machten.

Zug Tourismus ➡ D8
Bahnhofplatz 5
6300 Zug
✆ 041 511 75 00
www.zug-tourismus.ch

Museum in der Burg Zug
➡ D8
Kirchenstr. 11, Zug
✆ 041 728 29 70
www.burgzug.ch
Im einstigen Wehr- und Wohnturm lässt sich nacherleben, wie wohlhabende Bürger im 18. Jh. gelebt haben. Die auch mit Kunsthandwerk versehene Sammlung beinhaltet ein Stadtmodell, das die Stadt Zug im Jahr 1730 zeigt.

Das Uferviertel der Stadt Zug am Zugersee

Gasthaus Rathauskeller ➡ D8
Ober-Altstadt 1, Zug
✆ 041 711 00 58
www.rathauskeller.ch
Sowohl im Bistrobereich wie in der Zunftstube mit hübschen Schnitzereien kommen Gerichte aus der raffinierten Küche von Starkoch Stefan Meyer auf den Tisch, der übrigens auch Kochkurse gibt. €€€

Der längste Eisenbahntunnel der Welt

Das Schweizer Stimmvolk war sich der Tragweite bewusst, als 1991 die Befürwortung der sogenannten Neuen Eisenbahn-Alpentransversale (NEAT) den Weg für die nachhaltige Verlagerung des Verkehrs auf die Schiene ebnen würde. Der Gotthard-Scheiteltunnel war mit 15 Kilometern Länge bei seiner Einweihung anno 1882 bereits der längste Eisenbahntunnel der Welt, doch mit 1150 Metern wesentlich höher gelegen. Der jahrzehntelange Eingriff in die Bergwelt beim Bau des neuen, insgesamt 57 Kilometer langen **Gotthard-Basistunnels** auf nur noch 550 Metern Höhe musste so manches Opfer mit sich bringen. Viele Jahre lang konnten Besucher in Sedrun bei Disentis die Großbaustelle bewundern.

Nach dem Anstich im Jahr 1999 und dem Durchbruch 2010 erfolgte die öffentliche Einweihung im Juni 2016. Seit Dezember 2016 rauschen die Züge regelmäßig mit 200 km/h durch die Röhre. Verglichen mit dem Anstieg auf den bisherigen Tunnel mit dessen Kurven und der Abfahrt ist die neue Strecke von Erstfeld im Kanton Uri bis Bodio im Tessin um etwa 30 Kilometer kürzer und vor allem ebenerdig.

Seit Dezember 2020 rauschen die Züge außerdem auf der Strecke zwischen Bellinzona und Lugano durch den 15 Kilometer langen **Ceneri-Basistunnel**. Für die gesamte Nord-Süd-Achse ergibt sich zusammengerechnet eine Zeitersparnis von einer Stunde zwischen Zürich und Mailand. Infos über Führungen auf www.alptransit.ch.

Augusta Raurica: VENI - VIDI - VICI – das jährliche Römerfest bietet Brot und Spiele

Region Basel

Basel ist ein Doppelkanton mit den beiden Halbkantonen Basel-Stadt und Basel-Landschaft. Die im Dreiländereck mit Frankreich und Deutschland gelegene Region ist weitgehend von der Stadt Basel und dem durch das Gebiet fließenden Rhein geprägt, der sich vom Bodensee entlang der Grenze bis nach Deutschland hoch schlängelt.

Augusta Raurica ➡ B6

Östlich von Basel liegt südlich des Rheins eine einstige römische Siedlung, die im Jahr 44 v. Chr. durch den Feldherrn Plancus begonnen und später zu Zeiten von Kaiser Augustus um 15 v. Chr. als Veteranenkolonie dauerhaft angelegt wurde. In ihrer Blütezeit hatte die römische Stadt 20 000 Einwohner, wurde durch ein Erdbeben im Jahr 250 jedoch erheblich zerstört. Durch noch andauernde Ausgrabungen konnten viele Zeugnisse der Epoche freigelegt werden, darunter Reste des Amphitheaters, das Hauptforum, ein Aquädukt und ein Tempel mit einem weiteren Theater.

Museum Augusta Raurica ➡ B6
Giebenacherstr. 17, Augst
✆ 061 552 22 22
www.augustaraurica.ch
Außenanlagen frei zugänglich
Das Museum zeigt in wechselnden Ausstellungen die wichtigsten Stücke aus einem Fundus von 1,5 Millionen Exponaten. Dazu gehört das Römerhaus, das 1955 nach alten Plänen nachgebaut wurde.

Basel ➡ B6

Die Kulturmetropole im Dreiländereck zählt 173 600 Einwohner und ist damit die drittgrößte Stadt der Schweiz. Sportliches Aushängeschild ist der FC Basel, der im modernen St.-Jakobs-Park spielt und häufig Schweizer Fußballmeister wurde. Basel ist vor allem durch die Chemie- und Pharmaindustrie bekannt, schließlich haben die weltweit operierenden Konzerne Novartis und Hoffmann-La Roche hier ihren Hauptsitz. Die industrielle Bedeutung wird durch den einzigen Frachthafen der Schweiz, das Eisenbahndrehkreuz mit einem der größten Rangierbahnhöfe Europas sowie den internationalen Flughafen Euro Airport unterstrichen.

Urkundlich erstmals unter dem Namen Basilia im Jahr 374 erwähnt, hatte in der Stadt seit dem 7. Jahrhundert stets der Bischof die Herrschaft inne. Im 13. Jahrhundert wurde die erste Rheinbrücke und dadurch die nördliche Besiedlung begonnen, die heute Kleinbasel heißt und unter anderem zum Standort des Messegeländes wurde. Die Stadt erlebte im Mittelalter nicht weniger als sechs Pestepidemien und 1356 das bis heute schwerste Erdbeben in Mitteleuropa. Bereits im ausgehenden Mittelalter wurde Basel zu einem bedeutenden Bankenzentrum.

Ein spezieller Brauch ist von jeher die Basler Fasnacht, die um vier Uhr früh am Montag nach (!) Aschermittwoch mit dem »Morgestraich« beginnt und am Donnerstag früh mit dem »Endstraich« aufhört. Während dieser Tage ziehen fantasievoll gekleidete Fasnachtscliquen lärmend durch die Stadt, Guggenmusiker spielen

Märsche und in Kneipen werden »Schnitzelbänke« genannte humorvolle Verse vorgetragen.

Das Zentrum auf der linken Rheinseite in Großbasel erstreckt sich rund um den Marktplatz. Schön ist das aus rotem Backstein gefertigte spätgotische **Rathaus** ➡ aB2, mit dessen Bau 1501 anlässlich des Beitritts zur Eidgenossenschaft begonnen wurde. Der Repräsentationsbau ist mit seinem markantem Turm, den goldenen Zinnen und farbenfrohen Wandmalereien über drei gebogenen Eingangsportalen einer der größten Anziehungspunkte der Stadt. Das **Münster** ➡ aC3 ist eine spätromanische Basilika, die nach dem Erdbeben in gotischem Stil wiederaufgebaut wurde. Den ungewöhnlichen **Fasnachtsbrunnen** ➡ aC2 vor der Kunsthalle errichtete Jean Tinguely als quietschendes Konglomerat von Metallteilen. Basels Wahrzeichen ist das **Spalentor** ➡ aB1 im Südwesten des alten Zentrums mit zwei zinnenverzierten Türmen.

Basel Tourismus ➡ aC2
Barfüsserplatz, 4001 Basel
✆ 061 268 68 68, www.basel.com

Fondation Beyeler ➡ B6
Baselstr. 101, Riehen
✆ 061 645 97 00
www.fondationbeyeler.ch
Im nordöstlichen Vorort Riehen zeigt das Mäzen-Ehepaar Beyeler seit 1997 seine bedeutende Sammlung der klassischen Moderne in einem eigens errichteten Museum, das durch seine einzigartige Architektur selbst schon einen Anziehungspunkt darstellt. Die Sonderausstellungen finden über die Grenzen hinaus Interesse; gelegentlich werden auch Konzerte oder Kabarett geboten.

Kunstmuseum ➡ aC3
St. Alban-Graben 16, Basel
✆ 061 206 62 62
www.kunstmuseumbasel.ch
Das Kunstmuseum beherbergt die weltweit größte Sammlung von Werken der Holbein-Familie. Weitere Schwerpunkte sind Gemälde

Der schmucke Innenhof des spätgotischen Rathauses in Basel

Die Altstadt von Basel mit den Türmen des Münsters

des Basler Künstlers Arnold Böcklin, kubistische Kunst sowie Zeichnungen und Malereien oberrheinischer Künstler von 1400 bis 1600.

Baseldytschi Bihni ➡ aC2
Im Lohnhof 4, Basel
✆ 061 261 33 12
www.baseldytschibihni.ch
Der Theaterverein der Baseldeutschen Bühne präsentiert mit Amateurschauspielern unter Anleitung von Profis gute Mundart-Unterhaltung. Übrigens: Bezahlt wird erst am Ende, falls das Stück gefallen hat.

Musicaltheater ➡ aA3
Feldbergstr. 151, Basel
✆ 061 699 88 99
www.musicaltheaterbasel.ch
Das überregional bedeutende Musicaltheater liegt direkt bei der Messe. Knapp 1600 Zuschauer sehen hier regelmäßig große Musicals von »Cats« bis »Phantom der Oper« und Tourneeproduktionen aus dem Ausland.

Stucki ➡ südl. aD2
Bruderholzallee 42, Basel
✆ 061 361 82 22
www.stuckibasel.ch
Eine der feinsten Adressen zum Dinieren in Basel ist zweifelsohne das von Tanja Grandits geleitete Restaurant Bruderholz mit ihrer überregional berühmten Aromenküche. Der Spitzenköchin gelingt es, vermeintliche Gegensätze und Zutaten völlig unterschiedlicher Herkunft harmonisch zu komponieren. Mit Erfolg: Inzwischen stehen zwei Michelin-Sterne und 19 Punkte von Gault-Millau an der Tür. Eine Vielzahl von Delikatessen sowie ihre Kochbücher gibt es auch zum Mitnehmen. €€€

Gifthüttli ➡ aB2
Schneidergasse 11, Basel
✆ 061 261 16 56
www.gifthuettli.ch
Bekannt ist das im ersten Stock mit Intarsien reich geschmückte Lokal hauptsächlich für seine zehn Sorten Cordon Bleu. €€

Fischerstube ➡ aB3
Rheingasse 45, Basel
✆ 061 692 92 00
www.restaurant-fischerstube.ch
Gemütliches Restaurant in Kleinbasel, das als innovative Kleinbrauerei das Ueli-Bier herstellt, das auch in Zwei-Liter-Karaffen außer Haus verkauft wird. €

Läckerli-Huus ➡ aC2
Gerbergasse 57, Basel
✆ 061 264 22 05
www.laeckerli-huus.ch
Haupthaus der bekannten Lebkuchenfabrik. Der Begriff »Läckerli« wurde 1720 erstmals aktenkundig. Das 1903 gegründete Läckerli-Huus fabriziert Lebkuchen und andere Produkte von Baselbieter Rahmtäfeli bis Pfefferkuchen nach althergebrachter Rezeptur.

Xocolatl ➡ aB2
Marktgasse 6, Basel
✆ 061 262 01 05
www.xocolatl-basel.ch
Schokoladenparadies im Stil alter Läden aus Großmutters Zeiten mit mehr als 270 Produkten rund um die geliebte Schoki.

Region Zürich

Die Region rund um Zürich (vgl. S. 10 ff.) wird natürlich weitgehend durch die Wirtschaftsmetropole geprägt, aber auch durch den 89 Quadratkilometer großen Zürichsee, der gemeinsam mit der Stadt und den umliegenden Gemeinden den Ballungsraum Zürich mit insgesamt etwa einer Million Einwohnern bildet. Der See ist ein Überbleibsel des Linthgletschers, der einst bis Zürich reichte. Die zweitwichtigste Stadt im Kanton Zürich ist Winterthur. Zufällig stehen die Namen beider Orte für zwei der größten europäischen Versicherungsgesellschaften. Zur Region zählen auch die Randgebiete der Kantone Aargau und Schwyz, die an Zürich oder den See grenzen.

Baden ➡ C8

Wie Augusta Raurica geht auch das weiter östlich gelegene Baden (19 800 Einw.) auf römische Ursprünge zurück. Bereits in der Antike wurden die heißen Schwefelquellen genutzt, die noch heute den Ruf Badens als Thermalkurort mit sehenswerten Hotelbauten aus dem 19. Jahrhundert prägen. Durch die leicht hügelig bebaute Stadt fließen die Limmat und die Klus. Weithin sichtbar ist die Ruine der um das Jahr 1000 errichteten Festung Stein.

Info Baden ➡ C8
Bahnhofplatz 1, 5400 Baden
✆ 056 200 15 30
www.deinbaden.ch

Historisches Museum ➡ C8
Landvogteischloss
Wettingerstr. 2, Baden
✆ 056 222 75 74
www.museum.baden.ch
Im 12. Jh. entstand das Landvogteischloss am östlichen Limmatufer, das die Engstelle zwischen dem Schlossberg und den Lägern genannten Höhenrücken im Osten bewachte und bis 1804 als Wohnsitz des Landvogts diente. 1913 zog das Historische Museum in das altehrwürdige Gebäude, das um einen modernen Erweiterungsbau ergänzt wurde.

Isebähnli ➡ C8
Bahnhofstr. 10, Baden
✆ 056 222 57 58
www.stadtbistro.ch
Das beliebte Lokal bietet trendige Küche in guter Qualität und von Oktober bis April montags Jazzkonzerte, organisiert vom Verein »jazzinbaden«. €€

Ausflugsziel:

Schloss Lenzburg ➡ C8
Lenzburg
✆ 062 888 48 80
www.schloss-lenzburg.ch
April–Okt. geöffnet
Bereits vor 900 Jahren entstand die eindrucksvolle Anlage, heute auf einem Hügel neben der Autobahn von Zürich nach Bern zu sehen, abends wirkungsvoll illuminiert. Das Museum im linken Teil zeigt die Wohnkultur vom Spätmittelalter bis ins 19. Jh.

Ein Schloss wie eine Burg: Schloss Lenzburg

Das Technorama in Winterthur

Rapperswil/Pfäffikon ➡ D9

Am nordöstlichen Ufer des Zürichsees liegt das kleine Städtchen Rapperswil (28 300 Einw. gemeinsam mit Jona) auf einer Halbinsel mit schöner Promenade und kleinem Yachthafen. Dominant im Stadtbild sind das **Schloss** aus dem 12. Jahrhundert und die **Pfarrkirche**, die gut 100 Jahre später errichtet wurde. Viele Ausflugsschiffe vom Linienboot bis zum Fondueschiff fahren von Zürich aus entlang der nördlichen »Goldküste« bis nach Rapperswil. Alternativ empfiehlt sich für einen Tagesausflug von Zürich aus die Anreise per Bahn, jedoch wegen des Parkplatzmangels auf keinen Fall mit dem Auto.

Der 1878 errichtete Seedamm führt auf die »Schnupfküste« genannte gegenüberliegende Seite des Zürichsees nach **Pfäffikon**. Als dessen Highlight gilt das **Erlebnisbad Alpamare**, der größte überdachte Wasserpark Europas.

Tourist Information ➡ D9

Fischmarktplatz 1
8640 Rapperswil
✆ 055 225 77 00
www.rapperswil-zuerichsee.ch

Alpamare ➡ D9

Gwattstr. 12, Pfäffikon
✆ 055 415 15 15
www.alpamare.ch
Das Erlebnisbad bietet u. a. Thermalbäder drinnen und draußen, Rutschbahnen, ein Wellenbad sowie ein Flussschwimmbad mit Strömung, Sauna und Dampfbad.

Winterthur ➡ B9

Die mit 117 000 Einwohnern zweitgrößte Stadt im Kanton Zürich errichteten die Grafen von Kyburg im 12. Jahrhundert an der Stelle einer einstigen römischen Siedlung. Jahrhundertelang stand die Stadt jedoch im Schatten der Limmatmetropole. Als mit der industriellen Revolution der technische Fortschritt einkehrte, erlebte Winterthur seine Blütezeit durch Großbetriebe wie Sulzer. Dabei bewahrte es seinen hübschen Stadtkern rund um die Shoppingmeilen Markt- und Steinberggasse. Die Stadt an der Erlach hat sich inzwischen zu einer Universitäts- und Kulturstadt mit reichhaltigem Angebot entwickelt, die viele der Großstadt Zürich vorziehen und lieber täglich pendeln.

Winterthur Tourismus ➡ B9

Bahnhofplatz 7, 8400 Winterthur
✆ 052 208 01 01
www.winterthur-tourismus.ch

Fotomuseum ➡ B9

Grüzenstr. 44/45, Winterthur
✆ 052 234 10 60
www.fotomuseum.ch
Bis Frühjahr 2025 geschl.
Fotografie zu Dokumentationszwecken und als Kunst.

Kunst Museum Winterthur ➡ B9

Museumstr. 52 und Stadthausstr. 6
Winterthur
✆ 052 267 51 62, www.kmw.ch
In zwei Gebäuden in unmittelbarer Nachbarschaft werden verschiedene Kunstsammlungen gezeigt.

Swiss Science Center Technorama ➡ B9

Technoramastr. 1, Winterthur
✆ 052 244 08 44
www.technorama.ch
Auf 6500 m² Fläche zieht die größte technische Sammlung des Landes mit über 500 Experimentierstationen Jung und Alt an.

Ostschweiz/ Liechtenstein

Die Ostschweiz erstreckt sich vom Bodensee über das Fürstentum Liechtenstein und den landwirtschaftlichen Kanton Thurgau bis zum voralpinen Glarus und dem hügeligen Appenzell. Viele der Städte sind weltbekannt, darunter Schaffhausen, St. Gallen und eben die Käsestadt Appenzell. Ein kleines Mädchen hat die Ostschweiz übrigens einst berühmt gemacht. Die Rede ist von Heidi, der weltweit bekannten Figur aus den Romanen von Johanna Spyri. Das Heidiland erstreckt sich über den tiefen Walensee mit seiner charakteristischen Farbe bis nach Bad Ragaz.

Appenzellerland ➡ C10/11

Wer Appenzell hört, denkt zunächst an guten Käse. Der einstige Kanton wurde zur Reformationszeit anno 1597 in zwei Halbkantone aufgeteilt: Das katholische **Appenzell Innerrhoden** umfasst den Ort Appenzell selbst, im protestantischen **Appenzell Ausserrhoden** liegt des Kantons höchster Berg **Säntis** (2503 m).

Die gesamte Landschaft beider Halbkantone wird Appenzellerland genannt und ist zum Wandern und Mountainbikefahrern gleichermaßen beliebt. Viele Bräuche und Feste, bei denen die Einwohner in den althergebrachten Trachten auftreten, werden im traditionsreichen Gebiet noch heute gepflegt und gefeiert. Appenzell ist auch bekannt dafür, dass das Frauenwahlrecht erst 1990 eingeführt wurde.

Ein Schmuckstück ist der Ort **Appenzell** (5900 Einw.) mit den bemalten Holzhäusern. Die meisten wurden nach einem verheerenden Brand im Jahr 1560 gebaut und bilden noch heute einen geschlossenen Ortskern.

Appenzellerland Tourismus ➡ C11
Hauptgasse 4, 9050 Appenzell
✆ 071 788 96 41
www.appenzell.ch

Appenzeller Schaukäserei ➡ C11
Dorf 711, Stein
✆ 071 368 50 70
www.schaukaeserei.ch
Eintritt frei
Bei einer Betriebsführung sieht man die Herstellung des Käses. Im angeschlossenen Restaurant kann er verkostet werden.

Bad Ragaz ➡ D11

Das auf der zweiten Silbe betonte Ragaz entstand als gewöhnliches Bauerndorf und erlangte seine Bekanntheit erst mit der Weiterleitung des Thermalwassers aus der nahe gelegenen **Taminaschlucht** ➡ E11 bei Bad Pfäfers. Durch den Bau prächtiger Hotels stieg das Dorf zum anerkannten Kurort mit 6700 Einwohnern auf. Nach Hochwassern und Bränden wurde als Aushängeschild das Grandhotel Quellenhof wieder errichtet; heute zieht es Wellnessbegeisterte und Prominente gleichermaßen an. Neben der Erholung steht im Winter das Skifahren auf den Pisten des Hausbergs **Pizol** auf dem Programm.

Hirten in Appenzeller Tracht beim Alpaufzug

Wahrzeichen von Liechtenstein: das Schloss Vaduz

Heidiland Tourismus ➡ D11
Am Platz 1, 7310 Bad Ragaz
✆ 081 720 08 20
www.heidiland.com

Tamina Therme ➡ D11
Hans Albrecht-Str., Bad Ragaz
✆ 081 303 27 40
www.taminatherme.ch
Die in der Taminaschlucht gelegene wasserreiche Akrathotherme beschrieb Paracelsus bereits im 16. Jh. 1871 entstand dieses erste Thermalhallenschwimmbad Europas, das viele Gäste anzieht und inzwischen zum Grandhotel gehört.

Braunwald ➡ E10

Besonders für Familien ist dieser Ort in den Glarner Alpen auf 1256 Metern mit nur 320 Einwohnern als Ferienziel sehr empfehlenswert. Der autofreie Ort ist nur über die 100 Jahre alte Braunwaldbahn ab Linthal zu erreichen. Von Mai bis November kann man auch über den Klausenpass von der Innerschweiz aus anreisen. Durch die Lage an der südostwärts ausgerichteten Sonnenterrasse über dem **Linthtal** ist gutes Wetter meist vorprogrammiert. Braunwalds Hausberg **Ortstock** erhebt sich auf 2716 Meter Höhe. Für eine Übersicht über das Dorf empfiehlt sich eine Kutschfahrt ab der Bahnstation. Entlang der Strecke beginnt ein Öko-Wanderweg. Der Klettergarten an der Südseite der **Eggstöcke** bietet über 40 abgesicherte Routen für erfahrene Kletterer.

Gäste-Info Braunwald ➡ E10
Dorfstr. 5
8784 Braunwald
✆ 055 645 03 03
www.braunwald.ch

Fürstentum Liechtenstein

➡ C/D11/12

Die konstitutionelle Erbmonarchie ist ein kleiner souveräner Staat zwischen der Ostschweiz und Österreich an der Ostseite des Rheins. Die rund 40 000 Einwohner leben auf 160 Quadratkilometern in elf Gemeinden und pflegen Hochdeutsch als Amtssprache.

Das kleine Land verfügt über ein eigenes Mobilfunknetz und eigene Briefmarken, die im **Post-Museum** ➡ D11 von Vaduz besichtigt werden können. Das Fürstentum unterhält eine Zollunion mit der Schweiz mit dem Schweizer Franken als Währung, ist jedoch im Gegensatz zum größeren Nachbarn Mitglied des Europäischen Wirtschaftsraums (EWR).

Das Wahrzeichen des Fürstentums ist das im 12. Jahrhundert erbaute Schloss Vaduz, das als ständiger Wohnsitz der Fürstenfamilie jedoch nicht besichtigt werden kann.

Der Hauptort Vaduz lockt mit seiner reizvollen Hauptstraße Städtle und dem Kunstmuseum Liechtenstein. Das Museum für internationale moderne und zeitgenössische Kunst ist seit 2015 um das Ausstellungsgebäude der Hilti Art Foundation erweitert.

Liechtenstein Center ➡ D11
Städtle 39, FL-9490 Vaduz
✆ +423 239 63 63
www.tourismus.li

Liechtensteinisches Landesmuseum ➡ D11
Städtle 43, Vaduz
✆ +423 239 68 30
www.landesmuseum.li
Das Museum zeigt die Geschichte sowie Landes- und Naturkunde des Fürstentums; das Postmuseum im benachbarten Engländerbau gehört ebenfalls dazu.

Glarnerland ➡ D/E10

Zwischen Zürich und Chur liegt der kleine Kanton Glarus, dessen Bergwelt mit Höhen zwischen 414 und 3614 Metern auf nur geringer Fläche für viel Abwechslung sorgt. Durch das Gebiet schlängelt sich die Linth, die vor 200 Jahren durch die Errichtung des Linthwerks in den **Walensee** geleitet wurde. Die wichtigsten Orte sind **Glarus**, die kleinste Hauptstadt der Schweiz (12 500 Einw.), und **Näfels**, touristisch boomt Braunwald. Ein landschaftliches Juwel ist das **Klöntal**. Für den schweizerischen Literaturnobelpreisträger Carl Spitteler gehört es »zu den unglaublichen Naturschönheiten, die kein Traum errät«.

Teilweise im Glarus liegt das »Tektonikarena Sardona« genannte Gebiet der Glarner Hauptüberschiebung. Diese geologische Besonderheit, bei der sich 35 Kilometer jüngere Gesteinsschichten durch Falten und Brechen unter das 300 Millionen Jahre alte Gestein geschoben haben, zählt inzwischen zum UNESCO-Weltnaturerbe (www.unesco-sardona.ch).

Touristinfo Glarnerland ➡ D10
Raststätte A3
8867 Niederurnen
✆ 055 610 21 25
www.glarnerland.ch

Schaffhausen ➡ B9

Beim ersten Blick auf die Landkarte mag verwundern, dass Schaffhausen (37 700 Einw.) zur Schweiz gehört, liegt es doch nördlich des Rheins in einer Enklave in Deutschland. Die Bevölkerung entschied nach dem Krieg mit den Schwaben anno 1501, dass sie zu den Eidgenossen gehören will. Wer von Stuttgart nach Zürich fährt, streift nur die industrielle Seite von Schaffhausen und verpasst so einiges: Das überschaubare historische Zentrum mit malerischen Gassen und Häusern wird von der **Festung Munot** bewacht, die über der Stadt thront. Das Zentrum bildet der **Fronwagplatz** mit geschmücktem Brunnen, aus romanischer Zeit stammt die **Basilika am Münsterplatz**.

Schaffhausen Tourismus ➡ B9
Vordergasse 73
8200 Schaffhausen
✆ 052 632 40 20
www.schaffhauserland.ch

Vielerorts ein Ereignis: der Almabtrieb im Herbst

Prächtiger Barock: Stiftsbibliothek St. Gallen

7 Rheinfall ➡ B9
Neuhausen am Rheinfall
www.rheinfall.ch
4 km von Schaffhausen entfernt tosen die Wassermassen des Rheinfalls, eines der zwei größten Wasserfälle Europas, in einer Breite von 150 m hinunter. Im Sommer fallen pro Sekunde rund 700 m³ die 20 m entlang der Kalksteinflanke. Die beste Aussicht hat man vom Schloss Laufen.

St. Gallen ➡ C11

Die gut 82 000 Einwohner zählende Hauptstadt des gleichnamigen Kantons liegt eingebettet zwischen den beiden Hügeln **Rosenberg** und **Freudenberg**. Ihren Namen verdankt die Stadt dem Mönch St. Gallus, der im 7. Jahrhundert an der Steinach eine Einsiedlerklause errichtete. Um seine Zelle herum entstand im 8. Jahrhundert das Kloster und später die Stadt. Durch die 8 **Stiftsbibliothek** erhielt St. Gallen weitreichende Bedeutung. Der Aufschwung resultierte allerdings aus der blühenden Textilindustrie im 16. Jahrhundert: Noch um 1910 wurde hier die halbe Weltproduktion an Stickereien hergestellt. Heute ist St. Gallen auch durch die schöne Altstadt, seine Universität und sein Theater bekannt. Sehenswerte Museen sind neben dem Textilmuseum, das auch eine Handstickmaschine zeigt, das Historische und Völkerkundemuseum, das Kunstmuseum und das Naturmuseum.

St. Gallen-Bodensee Tourismus ➡ C11
Bankgasse 9, 9001 St. Gallen
✆ 071 227 37 37
www.st.gallen-bodensee.ch

8 Stiftsbezirk St.Gallen mit Stiftsbibliothek ➡ C11
Klosterhof, St. Gallen
✆ 071 227 34 16
www.stiftsbezirk.ch
www.stiftsbibliothek.ch
Abt Otmar gründete dem Einsiedler Gallus zu Ehren um 719 ein Benediktinerkloster. Dieses entwickelte sich zu einem geistigen Zentrum Europas, in dem Schreibkunst, Buchmalerei und Wissenschaft blühten – vom 9. bis 11. Jahrhundert war St. Gallen ein bedeutendes Kulturzentrum. Die heutigen Sammlungen der Stiftsbibliothek und des Stiftsarchivs reichen praktisch ununterbrochen 1400 Jahre zurück. Präsentiert wird dieses Erbe in drei Ausstellungsräumen: Stiftsbibliothek, Gewölbekeller und Ausstellungssaal des Stiftsarchivs. Der 1767 fertiggestellte Barocksaal der Bibliothek ist weltweit berühmt und gehört wie der ganze Stiftsbezirk zum Weltkulturerbe der UNESCO. Die Kathedrale von 1766 gilt neben Einsiedeln als prächtigster Barockbau in der Schweiz.

Theater St. Gallen ➡ C11
Museumsstr. 24, St. Gallen
✆ 071 242 06 06, www.theatersg.ch
Das einzige Dreispartentheater der Ostschweiz gilt als ältestes bespieltes Berufstheater des Landes und ist dank erstklassiger Produktionen besonders im Musicalgenre weit über die Schweiz hinaus bekannt.

Neubad ➡ C11
Bankgasse 6, St. Gallen
✆ 071 222 86 83
www.restaurant-neubad.ch
Wie in vielen St. Galler Restaurants liegt auch die gepflegte Gaststube des Neubad im ersten Stock. Unter einer gotischen Decke wird feine Schweizer Küche zelebriert. €€

Stein am Rhein ➡ B9

Das niedliche Städtchen Stein am Rhein (3600 Einw.) verfügt über eine mittelalterliche Altstadt mit verzierten Fassaden, steilen Giebeln, hübschen Erkern und vielen Fachwerkhäusern. Im **Rathaus** von 1539 befindet sich die historische Sammlung von Stein. Der überwiegend nördlich des Rheins gelegene Ort wird durch die Rheinbrücke mit dem Süden verbunden. Im Hintergrund auf der Nordseite thront die **Burg Hohenklingen**, in der heute ein Restaurant untergebracht ist. Neben der Rheinbrücke liegt die naturbelassene **Inselgruppe Werd** im westlichsten Zipfel des Untersees.

Tourist-Service ➡ B9
Oberstadt 3, 8260 Stein am Rhein
✆ 052 632 40 32
www.steinamrhein.ch

Werdenberg ➡ D11

Das »Städtli«, mit weniger als hundert Einwohnern kleinste Stadt der Schweiz, bezaubert durch ein Ensemble mittelalterlicher Häuser mit viel Holz unterhalb des gleichnamigen Schlosses. Alle zwei bis drei Jahre im August ziehen die Werdenberger Schloss-Festspiele bis zu 300 Zuschauer zu Opernaufführungen an – mehr Sitzgelegenheiten sind nicht vorhanden.

Schloss Werdenberg/ Schlangenhaus ➡ D11
Schlossweg, Werdenberg
✆ (081) 740 05 40
www.schloss-werdenberg.ch
April–Okt. geöffnet
Die 800 Jahre alten Schlossmauern erzählen von den herrschaftlichen Grafen und Vögten. Ergänzend zeigt das Museum Schlangenhaus als Teil der einstigen Stadtmauer bürgerliche Wohnkultur.

Der größte Wasserfall Europas: der Rheinfall bei Schaffhausen

Graubünden

Der östlichste Kanton nennt sich selbst völlig zu Recht »Ferienecke der Schweiz«. Die atemberaubende Vielfalt der Bergwelt mit 464 Spitzen über 3000 Meter formt mit dem ländlichen Leben in kleinen Berggemeinden ein harmonisches Bild. In vielen Orten des Bündnerlands wird Rätoromanisch gesprochen, die vierte amtliche Sprache der Schweiz.

Der flächenmäßig größte Kanton der Schweiz mit der Hauptstadt Chur präsentiert sich wegen seiner Vielfalt und der ähnlichen Flächenform fast schon wie eine Schweiz innerhalb der Schweiz. Die Namen bekannter Ferienregionen wie Engadin, Bernina und Prättigau oder Ortsnamen wie Davos und Klosters lassen gleich Urlaubsstimmung aufkommen.

Schlitteln auf der Passstraße Preda-Bergün

Arosa ➡ E12

Zunächst zog Arosa (3100 Einw.) als Luftkurort in den Goldenen Zwanzigern die Reichen und Adligen an. Erst seit den 1960er Jahren frequentieren Wintersportler das schneesichere Gebiet, das heute mit seinen 225 Pistenkilometern einen ausgezeichneten Ruf genießt. Im Sommer finden Wanderfreunde bei 400 Kilometern markierten Wegen auch ungewöhnliche Trassen wie etwa den Eichhörnchenweg. Ebenfalls ungewöhnlich ist das Humorfestival Anfang Dezember, das in einem Zelt bei der Tschuggenhütte gut gelaunte Gäste anzieht.

ℹ **Arosa Tourismus** ➡ E12
Poststr., 7050 Arosa
✆ 081 378 70 20
www.arosa.swiss

Über Albula und Bernina mit der Rhätischen Bahn

Graubünden ist für Eisenbahnliebhaber ein Paradies. Die **Rhätische Bahn** mit ihren roten Schmalspurzügen durchquert den Kanton auf teilweise waghalsigen Strecken. Besonders zwei Routen sind lohnenswert: zunächst der **Glacier Express**, der »langsamste Schnellzug der Welt«, der in sieben Stunden St. Moritz mit Zermatt verbindet. Zum anderen der **Bernina Express** mit seinen Panoramawaggons, der von Chur aus über die Albulastrecke ins Engadin, weiter über den Berninapass (2253 m) hinunter ins südliche Valposchiavo (972 m) und schließlich bis nach Italien fährt.

Seit 2008 ist die spektakuläre Kulturlandschaft der Albula- und Berninabahn auf der Liste des UNESCO-Weltkulturerbes aufgeführt. Berühmtes Highlight ist der Landwasserviadukt bei **Filisur** mit seinen Rundbögen. In **Bergün** berichtet das Bahnmuseum Albula am Bahnhof über die waghalsige Pionierarbeit beim Bau der Schmalspurstrecke. Weitere Infos auf www.rhb.ch.

Bergün/Bravuogn ➡ F12

Im fernab von jeglicher Hektik gelegenen Ferienort kann man echte Gastfreundschaft erleben. Das von 280 Kilometern Wanderwegen umgebene Bergün (500 Einw.) liegt auf 1367 Metern Höhe am **Albulapass** auf dem Weg ins Engadin. Die breite Passstraße Präda-Bergün wird im Winter zur Rodelbahn umfunktioniert, die das Dorf bekannt gemacht hat. Die zehneinhalb Kilometer lange Strecke ist nachts sogar beleuchtet.

Die Ortsmitte wird geprägt durch Häuser im Engadiner Stil und den 1000 Jahre alten Turm, der als Flucht- und Wehrturm gebaut wurde und später als Gefängnis diente. Das vier Etagen umfassende **Ortsmuseum** siedelt in einem Bauernhaus aus dem Jahr 1600. Bei den Biobauern von Bergün kann man sich direkt versorgen, diese züchten u. a. ungewöhnliche Kartoffelsorten.

Bergün Filisur Tourismus ➡ F12
Veja Stazion 11, 7482 Bergün
✆ 081 407 11 52
www.berguen-filisur.ch

Bahnmuseum Albula ➡ F12
Veja Stazion 11, Bergün
✆ 081 420 00 06
www.bahnmuseum-albula.ch
Eine Reise durch die Geschichte der Graubündner Eisenbahn, mit Fahrsimulator und Modellwerkstatt.

Chur ➡ E11

Das Tor zur Bündner Bergwelt ist mit mehr als 5000 Jahren Geschichte die älteste Schweizer Siedlung. Heute hat die Hauptstadt des Kantons Graubünden 38 000 Einwohner und verschreckt zunächst durch ihr Stadtbild außerhalb des Zentrums. Die hübsche Altstadt mit Gebäuden vom 15. bis ins 18. Jahrhundert will erst gefunden werden und liegt zwischen dem Postplatz, der **Martinskirche** mit dem gegenüberliegenden **Kunstmuseum** und der 800 Jahre alten **Kathedrale**. Am Bahnhof kommen die Normalspurzüge der SBB an, dann geht es weiter mit den roten Zügen der Rhätischen Bahn auf Schmalspurgleisen.

In der autofreien Churer Altstadt

Chur Tourismus ➡ E11
Bahnhofplatz 3, 7000 Chur
✆ 081 252 18 18
www.churtourismus.ch

Bündner Naturmuseum ➡ E11
Masanserstr. 31, Chur
✆ 081 257 28 41
www.naturmuseum.gr.ch
Vier Stockwerke Flora, Fauna und Erdgeschichte geben einen spannenden Einblick in den Kanton Graubünden. Grundlage des Museums bilden die Sammlungen einiger Bündner Naturforscher aus dem 19. und 20. Jh.

Jause in einer kleinen Hütte in den Schweizer Bergen

Stern ➡ E11
Reichsgasse 11, Chur
✆ 081 258 57 57
www.stern-chur.ch
Historisches Romantikhotel in der Altstadt mit ausgezeichneter Bündnerküche in der hundertjährigen Veltliner Weinstube. €€

Davos ➡ E12

Die höchstgelegene Stadt Europas (10 700 Einw., auf 1560 m) liegt im Landwassertal unweit von Klosters. Nachdem James Joyce einen Artikel über das Skifahren in Davos veröffentlichte, zählten vor allem Engländer zu den Wintersportgästen. Im deutschen Sprachraum ist der Luftkurort durch das Buch »Der Zauberberg« von Thomas Mann bekannt, das später auch verfilmt wurde. Jährlich hält das in Genf beheimatete Weltwirtschaftsforum (WEF) sein Jahrestreffen in Davos ab, um globale Themen zu diskutieren. Das Medienereignis wird von Globalisierungsgegnern regelmäßig attackiert. Außerdem findet hier der höchstgelegene Ultramarathon Europas statt.

Destination Davos Klosters ➡ E12
Talstr. 41, 7270 Davos Platz
✆ 081 415 21 21, www.davos.ch

Disentis/Mustér ➡ F9

Im nordwestlichen Teil des Bündnerlands liegt der charmante Wintersportort (2200 Einw.) mit dem weithin sichtbaren **Kloster**. Noch heute spricht hier der weitaus größte Teil der Bevölkerung Rätoromanisch. Wegen seiner Radonquelle blickt Disentis auf eine lange Kurtradition zurück, wobei der Ort heute vor allem Reisende anlockt, die sich aktiv erholen wollen. Das eigene Skigebiet reicht bis auf 3000 Meter Höhe und beinhaltet 30 Kilometer Loipen für Langläufer. Seit dem Zusammenschluss mit den Berggebieten Andermatt und Sedrun locken 180 Pistenkilometer und 33 Liftanlagen. Sommergäste erfreuen sich an 150 Kilometer Wanderwegen sowie der höchsten Kletterwand Graubündens.

Sedrun Disentis Tourismus SA ➡ F9
Via dalla staziun 4
7180 Disentis/Mustér
✆ 081 920 40 30
www.disentis-sedrun.ch

Kloster Disentis ➡ F9
Via Claustra 1, Disentis/Mustér
✆ 081 929 69 00
www.kloster-disentis.ch
Das interkulturelle Benediktinerkloster Disentis wurde 720 ge-

Durchlebte im Laufe der Zeit eine wechselvolle Geschichte: die Klosteranlage von Disentis/Mustér

gründet und erlebte eine wechselvolle Geschichte von Macht und Bedeutungslosigkeit. Die barocke Klosteranlage stammt aus dem 17. Jh., die Klosterkirche von 1712. In der Marienkirche von 1899 befinden sich heute die Bibliothek und ein Museum. Das Gymnasium entstand 1881 und ist die älteste Schule im Bündnerland, in der noch immer 200 Schülerinnen und Schüler unterrichtet werden.

Fextal ➡ G12

Von dieser poetischen Landschaft schwärmten schon Hermann Hesse und Friedrich Nietzsche: Das sechs Kilometer lange Südtal beginnt hinter Sils-Maria und reicht bis zum einstmaligen Fexergletscher. Seit 1954 dürfen dank aktiv gelebtem Naturschutz nur Schlitten, Kutschen und Transferwagen die einsame Landschaft durchqueren. Es gibt weder Skiliftanlagen, noch dürfen Neubauten die traditionellen Ortscharakter stören – so idyllisch muss es in den Wintersportorten ausgesehen haben, bevor der Tourismus für eine gigantische Infrastruktur sorgte.

Chesa Pool ➡ G12
Via da Platta 5, Fex
✆ 081 838 59 00
www.pensiun-chesapool.ch
Im Ort Platta errichtete der adlige Baptista von Salis aus Soglio 1585 die Chesa Pool, einen Bauernhof, der inzwischen als vegetarisches Hotel betrieben wird. Selbst gemachte Produkte lohnen einen Stopp.

Flims/Laax/Falera ➡ E10/11

Die drei Orte Flims (2900 Einw.), Laax (2000) und Falera (600) haben sich zu einer gemeinsamen Tourismusregion zusammengeschlossen, deren Skiareal »Alpenarena« mehr als 100 Quadratkilometer schneesichere Hänge und

Ein Paradies für Snowboarder: die »Alpenarena« Flims/Laax/Falera

200 Kilometer Pisten aufweist. Laax hat sich vor allem durch die »Snowboard Freestyle Academy« einen Namen gemacht und ist nach wie vor ein Mekka der Snowboarder.

Mit 230 Kilometern Mountainbikestrecken und noch mal so viel Wanderwegen ist die Region auch im Sommer ein lohnendes Ziel. In dem Gebiet finden auch Wettkämpfe statt: im Januar der wichtigste Snowboard Contest, im Juni die Mountainbike Freeride Rallye. Der türkisfarbene Caumasee vermittelt mediterrane Atmosphäre, während Flims über eines der größten Waldgebiete des Bündnerlands verfügt.

Flims Laax Falera ➡ E11
Via Nova 62, 7017 Flims
✆ 081 920 92 00, www.laax.com

Guarda ➡ E13

Hoch oben auf einer Sonnenterrasse zwölf Kilometer vor Scuol im Unterengadin liegt das pittoreske Dörfchen Guarda (160 Einw.), etwa wie ein Schmuckkästchen zwischen Himmel und Erde. Sehr schön anzusehen ist das gepflegte Erscheinungsbild des Dorfes, das vorwiegend aus typischen Engadiner Häusern besteht. Hier spielt auch das Märchen vom

»Schellenursli«, das so gut wie jedes Schweizer Kind einmal gelesen hat.

Guarda Turissem ➡ E13
Plazza da Scoula 84, 7545 Guarda
✆ 081 861 88 27
www.scuol.ch/guarda

Klosters ➡ E12

Der Fluss Landquart durchquert das 40 Kilometer breite Prättigautal, in dem 1222 ein Prämonstratenserkloster gegründet wurde, dem der familienfreundliche Ferienort (4400 Einw.) seinen Namen verdankt. Mittels des Vereina-Tunnels, der Prättigau und Engadin miteinander verbindet, ist Klosters perfekt angeschlossen. Bekannt ist der Wintersportort vor allem dadurch, dass der englische König Charles III. ab 1978 hier seine Skiferien verbrachte.

Destination Davos Klosters
➡ E12
Alte Bahnhofstr. 6, 7250 Klosters
✆ 081 410 20 20, www.klosters.ch

Pontresina ➡ F/G12/13

Von dichten Lärchen- und Arvenwäldern ist das Engadiner Dorf Pontresina (2100 Einw.) umgeben. Es liegt nördlich des Berninapasses im höchsten Seitental des Oberengadins, nur ein paar Kilometer vom mondänen St. Moritz entfernt, das man auf ausgeschilderten Wanderwegen gemütlich erreichen kann. Das Ortsbild ist durch typische Engadiner Häuser mit ihren Sgraffitofassaden und verzierten Erkern geprägt. Pontresina war einst bedeutender als St. Moritz und noch heute ziehen es viele Gäste dem großen, verbauten Nachbarn vor.

Ideal für Wanderungen, Kanutouren und für Naturfreunde: das Ruinaulta (Rheinschlucht)

Tourist Information
➡ F/G12/13
Via Maistra 133, 7504 Pontresina
✆ 081 838 83 00
www.pontresina.ch

Poschiavo ➡ G13

Das auf Deutsch Puschlav und auf Italienisch Valposchiavo genannte Tal ist ein südöstlicher Zipfel Graubündens, in dem überwiegend italienisch gesprochen wird. Das Zentrum des Tals ist der Ort Poschiavo (3500 Einw.), etwa 15 Kilometer unterhalb des Berninapasses gelegen. Die Anreise erfolgt am besten per Bahn mit dem Bernina Express, der auf einer traumhaften Strecke zwischen dem Engadin und dem italienischen Veltlin verkehrt. Das intakte Ortsbild besteht aus Häusern aus dem 16. bis 19. Jahrhundert, die mit Steinplatten bedeckt sind.

Am Ortsplatz liegen das **Rathaus** und die spätgotische **Kirche San Vittorio**, deren Turm aus romanischer Zeit stammt. Im selben Gebäude wie das **Ortsmuseum** befindet sich die Handweberei, in der noch heute Kurse auf traditionellen Webstühlen gegeben werden. Südlich des Zentrums liegen die 1711 errichtete **Barockkirche Santa Maria Assunta** sowie das »Spaniolenviertel«, das seinen Namen von Auswanderern erhielt, die von Puschlav nach Spanien gingen, als reiche Zuckerbäcker zurückkehrten und hier hübsche Villen bauten.

Ente Turistico Valposchiavo

➡ G13

Vial da la Stazion, 7742 Poschiavo
✆ 081 839 00 60
www.valposchiavo.ch

Rheinschlucht ➡ E11

Die auf Rätoromanisch »Ruinaulta« genannte Rheinschlucht zählt zu den überwältigenden Landschaften der Schweizer Alpenwelt. Die wilde Schlucht zwischen **Ilanz** und **Reichenau** entstand nach einer geologischen Verschiebung bei Flims vor etwa 10 000 Jahren. Bei der Durchfahrt mit dem Zug, sicher die aufregendste Art anzureisen, kleben die Fahrgäste förmlich an der Scheibe beim Blick auf die schroffen Steilwände mit bis zu 350 Metern Höhenunterschied und auf den ungebändigten Vorderrhein.

Das dichte Wanderwegenetz am 14 Kilometer langen »Little Grand Canyon« erlaubt die Erforschung der Rheinschlucht auf eigene Faust, eine Wanderung von Ilanz bis nach Versam dauert gut dreieinhalb Stunden. Alternative Fortbewegungsmöglichkeiten sind Mountainbike, Kanu und Rafting.

Gästeinformation Ilanz/Glion

➡ E11

Bahnhofstr. 25, 7130 Ilanz
✆ 081 920 11 05
www.rheinschlucht.ch

Scuol ➡ E13

Der Hauptort des Unterengadins im Inntal wurde dank seiner 25 Heilquellen schon früh als Badeort bekannt – so befindet sich hier die mineralreichste Glaubersalzquelle Europas. Das 4600 Einwohner zählende Scuol verfügt über ein mittelgroßes Skigebiet mit 80 Pistenkilometern und 72 Kilometern Langlaufloipen; im Sommer lohnen sich Wandern, Radfahren und Gleitschirmfliegen.

Wahrzeichen des Unterengadin: Schloss Tarasp aus dem 11. Jahrhundert

Das intakte Erscheinungsbild von Scuol prägen die Engadiner Häuser mit ihren gut erhaltenen Sgraffitofassaden und den zurückgesetzten Fenstern, die jahrhundertelang gepflegt wurden. Die größte Sehenswürdigkeit ist das **Schloss Tarasp** in der gleichnamigen Nachbargemeinde aus dem 11. Jahrhundert. Der Bahnhof Scuol-Tarasp ist der östliche Endpunkt der Rhätischen Bahn, von hier aus geht es nur noch mit dem Postauto weiter.

Engadin Scuol Tourismus

➡ E13

Stradun 403 A, 7550 Scuol
✆ 081 861 88 00, www.scuol.ch

Bogn Engiadina Scuol

➡ E13

Via dals Bogns 323, Scuol
✆ 081 861 26 00
www.bognengiadina.ch

Das Erlebnis- und Gesundheitsbad besteht aus sechs Innen- und Außenbädern, einigen Saunen und verschiedenen Therapieeinrichtungen. Hier wurde zudem das erste römisch-irische Bad der Schweiz eröffnet, das diese beiden Badekulturen vereint.

Sils im Engadin ➡ G12
Der Wintersportort (700 Einw.) liegt nur zehn Kilometer von St. Moritz entfernt zwischen dem Silvaplanersee und dem Silsersee. In Sils verweilten Hermann Hesse und Friedrich Nietzsche, letzterer verfasste hier während seiner regelmäßigen Aufenthalte einige seiner Werke.

Verkehrsverein Sils/Engadin ➡ G12
Via da Marias 38, 7514 Sils-Maria
✆ 081 838 50 50
www.sils.ch

Hotel Waldhaus ➡ G12
Via da Fex 3, Sils-Maria
✆ 081 838 51 00
www.waldhaus-sils.ch
Das 1908 errichtete Waldhaus thront mit seiner imposanten Fassade über dem pittoresken Dörfchen Sils. Seit vier Generationen unabhängig geführt, zählt das Haus zu den besten Hotels des Landes. Der traumhafte Wintergarten lädt auch Gäste, die nicht hier wohnen, zum Nachmittagstee.

9 St. Moritz ➡ F12
Zweifellos gilt das mondäne St. Moritz als einer der weltweit bekanntesten Ferienorte. Dies geht sogar so weit, dass St. Moritz als Marke geschützt wurde. Zur touristischen Saison präsentiert sich der auf 1856 Metern gelegene Ort (4900 Einw.) als exklusive und elegante Destination des Jetsets. Kein Wunder, zieht die Lage am St. Moritzersee gegenüber den Oberengadiner Bergen doch jeden in den Bann. Außerdem punktet der Ort mit 322 Sonnentagen pro Jahr. In der Nebensaison zwischen Ostern und Juni wird aus einem kosmopolitischen Ambiente eine Geisterstadt, dann sind die vielen Geschäfte geschlossen.

Bei all der Noblesse geht die einstige Funktion als Heilkurort verloren, eher stehen die vielen Events im Vordergrund. Das Angebot reicht von Pferde- und Windhundrennen auf dem gefrorenen See über Turniere in Golf, Polo und Curling, Marathon, Windsurfen, Inline-Skaten bis zu Musikfestivals. Und da der Ort

Entertainment für den Jetset: Pferderennen auf dem zugefrorenen St. Moritzersee

mit gleich zwei Olympischen Winterspielen sozusagen als Erfinder des alpinen Wintersporttourismus gelten darf, steht Skifahren in der Gunst der Gäste selbstverständlich ganz oben.

Das Stadtbild lässt gar nicht vermuten, dass in den überbauten Straßen des unstrukturierten Zentrums mehr Millionäre als Einheimische flanieren. Doch auch als Normalmensch kann man bei Hanselmann oder gar in den Luxushotels bei einem Tee den Blick über den See auf die südalpine Bergwelt genießen. Das oberhalb des Sees gelegene Zentrum **St. Moritz-Dorf** wird durch **St. Moritz-Bad** direkt am Ufer komplettiert. Letzteres ist inzwischen so dicht bebaut, dass von der eigentlich schönen Lage mit attraktiven Parks nicht mehr viel übrig blieb.

Sehenswert oben im Dorf ist der Schiefe Turm, ein Überbleibsel der Mauritiuskirche aus dem 19. Jahrhundert. Erholsam ist ein Spaziergang entlang des Segantini-Wegs bis nach Suvretta; der Lehrpfad ist mit Tafeln über den Maler Giovanni Segantini gesäumt.

Tourist Information ➡ F12
Via Maistra 12, 7500 St. Moritz
✆ 081 837 33 33, www.stmoritz.ch

Glacier Express ➡ F12
www.glacierexpress.ch
Fährt täglich
In knapp acht Stunden fährt der langsamste Schnellzug der Welt die panoramareiche Strecke von St. Moritz bis Zermatt.

Segantini Museum ➡ F12
Via Somplaz 30, St. Moritz
✆ 081 833 44 54
www.segantini-museum.ch
Der berühmte Maler Giovanni Segantini (1858–99) wirkte in seinen letzten Lebensjahren im Engadin. Das Museum in einem Kuppelbau zeigt u. a. sein Triptychon »Werden – Sein – Vergehen«.

Steinböcke in den Alpen

Talvo by Dalsass ➡ F12
Via Gunels 15
St. Moritz-Chamfèr
✆ 081 833 44 55
www.talvo.ch
Die Heubühne (»Talvo«) zählt zu den besten Restaurants in St. Moritz und Umgebung, 20 Jahre lang geprägt durch die Gastgeberfamilie Jöhri. Seit 2011 betreibt der mit 18 Gault-Millau-Punkten und einem Michelin-Stern ausgezeichnete Martin Dalsass das Gourmet-Lokal. €€€

Val Müstair ➡ F13

Der östliche Teil von Graubünden zwischen Zernez im Engadin und dem Vinschgau im italienischen Südtirol ist auf Deutsch auch als »Münstertal« bekannt. Der auf 2149 Metern gelegene Ofenpass grenzt an den Schweizerischen Nationalpark und wird gern für Motorradtouren gewählt. Der Hauptort Müstair (1400 Einw.) ist ein ausgezeichneter Ausgangspunkt für Wanderer.

Kloster St. Johann ➡ F13
Müstair
✆ 081 851 62 28
www.muestair.ch
Das vor gut 1200 Jahren als Stiftung Karls des Großen gegründete Benediktinerinnenkloster ist gut erhalten und wurde 1983 in die Liste des UNESCO-Weltkulturerbes aufgenommen. Beachtens-

Die Via Mala, eine Schlucht mit bis zu 300 Meter hohen Felswänden

wert sind vor allem die karolingischen Fresken im Kirchenschiff der Dreiapsidenkirche.

Schweizerischer Nationalpark ➡ F13
Nationalparkhaus
Urtatsch 2, Zernez
✆ 081 851 41 41
www.nationalpark.ch
Im 170 km² großen Nationalpark südöstlich des Inn bleibt die Natur seit 1909 sich selbst überlassen. Der Park liegt auf 1400–3172 m Höhe, ein Drittel ist von Wäldern bedeckt, 20 % sind Wiesen und der Rest alpines Gestein. Mehrere Tausend Tier- und Pflanzenarten sind hier zu finden, die Tiere kann man teilweise sogar beobachten. Die vorgeschriebenen Pfade dürfen nicht verlassen werden.

Vals ➡ F10

Der Name des Ortes (1000 Einw.) klingt nicht nur nach dem Kanton Wallis, er geht auf Menschen aus dem Oberwallis zurück, die vor 700 Jahren von dort in die hohen Täler von Graubünden auswanderten. Das Gebiet mit seinen fünf Tälern ist vor allem durch seine Quellen bekannt, die auch für Mineralwasser verwendet werden. In Vals wird deutsch gesprochen, auch wenn in den umliegenden Gemeinden Rätoromanisch die führende Sprache ist. Die etwas komplizierte Anreise erfolgt bis Ilanz mit dem Zug und von dort mit dem Postauto nach Vals, das keinen Bahnhof hat.

Therme Vals ➡ F10
Vals
✆ 058 713 20 10
www.7132therme.com
Die 1996 entstandene Therme wurde als architektonische Meisterleistung von Peter Zumthor vielfach prämiert. 60 000 Quarzit-Platten, die aus einem Steinbruch nahe Vals stammen, wurden hier verbaut. Das Quellwasser hat eine Temperatur von 32° C, die einzelnen Bäder sind jedoch unterschiedlich temperiert. Bemerkenswert sind das Klangsteinbad und die traumhafte Aussicht auf die unberührte Natur.

Via Mala ➡ F11

Die Via Mala bezeichnet wortwörtlich den »schlechten Weg« zwischen Thusis und Zillis entlang dem Hinterrhein, eigentlich eine wilde Schlucht. Bekannt wurde sie durch den gleichnamigen Roman von John Knittel, der 1985 mit Mario Adorf zum dritten Mal verfilmt wurde. Zu erreichen ist der Kulturweg gut via Thusis. Man sollte geeignete Schuhe tragen, denn der Steinweg neben den beeindruckenden Wassermassen kann glitschig sein.

Gästeinformation Viamala ➡ F11
Neudorfstr. 46, 7430 Thusis
✆ 081 650 90 30
www.viamala.ch

Tessin

Die »Sonnenstube der Schweiz« wird der südlichste Kanton gern genannt. Der Name geht auf den gleichnamigen Fluss zurück, der am Sankt Gotthard entspringt und via Bellinzona in den Lago Maggiore mündet. Nur gut vier Prozent der Schweizer Bevölkerung leben im Kanton Ticino, in dem überwiegend Italienisch gesprochen wird und außerdem eine starke Bindung zu Italien spürbar ist. Kein Wunder, denn Como mit dem schönen Comersee oder gar Mailand sind nicht weit entfernt.

Das Tessin ist zwar ziemlich abhängig vom Tourismus, bietet jedoch einen ganz eigenen Reiz und ist völlig anders als die Deutschschweiz oder die Romandie. Die Reise ins Tessin erfolgt entweder mit dem Auto durch den einspurigen, knapp 17 Kilometer langen Gotthard-Straßentunnel oder angenehmer mit dem Zug: Der Schnellzug Cisalpino verbindet Zürich und die Zentralschweiz mit Lugano, Como, Mailand und Florenz. Seit Ende 2016 führt der neue Gotthard-Basistunnel von der Innerschweiz ins Tessin, mit 57 Kilometern der längste Tunnel der Welt (vgl. S. 55).

Das mediterrane Tessin ist kulturell wie gastronomisch eher italienisch geprägt. Statt der typischen Beizen der Deutschschweiz laden rustikale Tessiner Grotti zu einheimischen Gerichten von Minestrone über Risotto bis zu Braten oder Ragout ein. Ein Grotto findet man meist an schattiger, etwas abgelegener Stelle, dazu gehört ein Keller für Tessiner und italienische Weine.

Ascona ➡ H9

Die mondäne Kleinstadt mit 5400 Einwohnern, gelegen an einer nordwestlichen Bucht des Lago Maggiore, ist als exklusives Feriendomizil bekannt. Die platanengesäumte Uferpromenade Piazza G. Motta bezaubert mit bunten Häusern, Restaurants und Hotels. Dominant im Stadtbild ist die **Pfarrkirche Santi Pietro e Paolo** (16. Jh.). Ein weiteres bedeutendes Bauwerk ist der **Palazzo Casa Serodine** aus dem Jahr 1620, in dem der gleichnamige Maler lebte.

Jährlich findet im Sommer das **Jazz Festival** statt. Über Ascona liegt der 321 Meter hohe **Monte Verità**, der auch »Berg der Wahrheit« genannt wird und Anfang des 20. Jahrhunderts Sitz einer berühmten Künstlerkolonie war.

Festival mit Tradition: JazzAscona

Grotto Madonna della Fontana ➡ H9
Via Madonna Fontana, Ascona
✆ 091 791 12 09
Abseits vom Zentrum kurz vor dem Wald liegt das einzige Grotto Asconas neben der gleichnamigen Kirche. €

Jazz Ascona ➡ H9
Viale Papio 5, Ascona
www.jazzascona.ch
Mitte Juni bis Anfang Juli finden täglich etwa 20 Konzerte von Jazz über Blues bis zu Soul vor der spektakulären Kulisse des Lago Maggiore statt.

Bellinzona ➡ H10

Die von Weinbergen umgebene Kantonshauptstadt Bellinzona (44 300 Einw.) war schon im Jahr 1475 für Azzo Visconti »Schlüssel und Tor zu Italien«. Anders als Ascona oder Lugano rückt sich Bellinzona nicht ins Rampenlicht. Früher wurde um Bellinzona gekämpft, schließlich lag es an einem Kreuzungspunkt der Passwege über St. Gotthard und San Bernadino. Die schon im 6. Jahrhundert erwähnte Stadt gehörte zunächst Como und Mailand, bevor Ludwig XIII. Bellinzona an die Eidgenossenschaft abtrat.

Wahrzeichen sind die unter UNESCO-Schutz stehenden drei Burgen, die zu den bedeutendsten Zeugen der mittelalterlichen Befestigungsbaukunst in der Schweiz gehören. Das **Castelgrande** aus dem 13. Jahrhundert erhebt sich mit seinen beiden Türmen majestätisch über der Stadt. Auf einem Bergvorsprung östlich der Altstadt ragt das **Castello di Montebello** hervor, während außerhalb des Stadtgebiets das **Castello di Sasso Corbaro** aus dem 15. Jahrhundert liegt, die jüngste der drei Burgen.

InfoPoint Bellinzona ➡ H10
Piazza Collegiata 12
6500 Bellinzona
✆ 091 825 21 31
www.bellinzonaevalli.ch

Castelgrande ➡ H10
Salita al Castelgrande
Bellinzona
✆ 091 814 87 81
www.ristorantecastelgrande.ch
Das in der Burg eingerichtete Restaurant mit zwei Terrassen bietet mediterrane und mittelalterliche Gerichte, serviert mit einheimischen Weinen. €€€

Gebaut auf altrömischen Ruinen: das Castelgrande von Bellinzona

⑩ Locarno ➡ H9

Die Bezirksstadt Locarno mit 16 200 Einwohnern befindet sich am nördlichen Zipfel des Lago Maggiore, dessen größter Teil in Italien liegt. Die am tiefsten gelegene Stadt der Schweiz macht eher einen rustikalen als übertrieben eleganten Eindruck. Der Hauptplatz im Zentrum ist die **Piazza Grande**, auf der donnerstags ein traditioneller Wochenmarkt abgehalten wird. Der Platz ist auch Austragungsort des berühmten internationalen **Filmfestivals von Locarno**, das seit 1946 jedes Jahr zehn Tage lang im August die Stadt auf den Kopf stellt. Zahlreiche Restaurants und Cafés säumen die Piazza, auf der auch Open-Air-Konzerte stattfinden. Das **Castello Visconteo** entstand bereits im 12. Jahrhundert am Rande der Altstadt, doch nur noch 20 Prozent der einstigen Burg sind heute erhalten.

Die Kirche Madonna del Sasso in Locarno

Ein wichtiger Pilgerort ist die **Madonna del Sasso** in dem oberhalb von Locarno gelegenen Ort

Filmfestival Locarno

Das Internationale Filmfestival von Locarno stellt die kleine Stadt jährlich im August völlig auf den Kopf. Locarno zählt zu den zwölf sogenannten A-Festivals mit internationaler Bedeutung. Seit 1946 vergibt das Festival den Goldenen Leoparden (Pardo d'Oro). Neben dem Preis für den besten Film wird auch ein Ehrenleopard an Künstler für ihr cineastisches Lebenswerk verliehen, zu den Preisträgern zählen etwa Ennio Morricone und Bernardo Bertolucci. Es werden überwiegend Autorenfilme des Programmkinos gezeigt, die wenig Chancen auf Erfolg in den großen Mainstream-Kinos haben. Bis zu 180 000 Zuschauer sehen während knapp zwei Wochen etwa 280 Filme auf dem Festival, das 2022 sein 75. Jubiläum feierte.

Austragungsort ist überwiegend die Piazza Grande: Auf dem Hauptplatz der Stadt können 8000 Zuschauer auf eine der größten Leinwände der Welt blicken. Diese misst immerhin 26 mal 14 Meter. Das Festival spielt sich überwiegend im Freien ab. Weitere Infos auf www.locarnofestival.ch.

Die Piazza Grande vor dem Festival

Die Isole di Brissago haben das wärmste Klima der Schweiz

Orselina. Die Aussichtsplattform vor diesem beliebtesten Wallfahrtsort der italienischen Schweiz belohnt den Aufstieg zudem mit einer imposanten Aussicht auf den Lago Maggiore.

Ascona-Locarno Turismo ➡ H9
Piazza Stazione, 6600 Locarno
✆ 0848 091 091
www.ascona-locarno.com

Locanda Locarnese ➡ H9
Via Bossi 1, Locarno
✆ 091 756 87 56
www.locandalocarnese.ch
Leckere, frische Saisonküche nahe der Piazza Grande. €€–€€€

Grotto al Capon ➡ H9
Vicolo Capone 4, Locarno
✆ 091 743 45 10
www.alcapon.ch
Gemütliches Grotto außerhalb des Zentrums mit feinen Tessiner Spezialitäten. €€

Ausflugsziel:

Isole di Brissago ➡ H9
Isole di Brissago
✆ 091 791 43 61
www.isoledibrissago.ch
April–Okt. zugänglich
Per Ausflugsschiff von Ascona oder Locarno können die beiden Inseln inmitten des Lago Maggiore besucht werden. Während die kleinere naturbelassen ist, dient die größere Insel hauptsächlich als botanischer Garten. In der palastähnlichen Villa Emden lockt die Terrasse eines Ausflugsrestaurants mit herrlicher Aussicht auf den See. Baden ist auf den Inseln übrigens nicht gestattet.

Lugano ➡ J10

Weltoffen und elegant sind die Attribute der heimlichen Hauptstadt des Tessins, die nach Eingemeindungen der umliegenden Dörfer nun 62 500 Einwohner umfasst. Im alten Stadtkern von Lugano findet man die Shoppingmeile Via Nassa mit hübschen Boutiquen und Geschäften. Die pulsierende Stadt liegt am Nordufer des Luganersees am Fuß von gleich zwei Bergen: Der östlich gelegene **Monte Brè** ist der Hausberg der Stadt und belohnt die Fahrt mit der Zahnradbahn auf 925 Meter Höhe mit einem tollen Ausblick über den See und bis zu den Alpen. Eine Seilbahn führt auch auf den zweiten Berg, den **Monte San Salvatore**, der westlich der Promenade bis auf 912 Meter aufragt.

Lugano hat sich als drittgrößte Finanzmetropole der Schweiz einen Namen gemacht, so vermischen sich auf den Piazze Geschäftsleute mit Touristen. Der schönste Teil der Stadt erstreckt sich um die **Piazza della Riforma** mit alten Häusern aus dem 19. Jahrhundert. Die wichtigste Kirche der überwiegend katholischen Stadt ist die **Kathedrale San Lorenzo**, die bereits im 9. Jahrhundert erwähnt wurde und im 16. Jahrhundert ihr heutiges Aussehen im Renaissancestil erhielt.

Erholung im Grünen bietet die **Parco Civico** genannte Parkanlage am Luganersee östlich des Zentrums, die außerdem einige Paläste und Museen beherbergt. Der 1097 Meter hohe **Monte San Giorgio** im Süden des Sees zählt aufgrund seiner Vielzahl an Fossilienfunden seit 2003 zum UNESCO-Weltnaturerbe.

Lugano Turismo ➡ J10
Bahnhof, 6900 Lugano
✆ 058 220 65 04
www.luganoregion.com

Museo d'arte della Svizzera italiana ➡ J10
Piazza Bernardino Luini 6
Lugano
✆ 058 866 42 40
www.masilugano.ch
Das zusammengeführte Museum kombiniert das kantonale Kunstmuseum in drei Palästen des 15. Jh. mit Gemälden von Tessiner und europäischen Künstlern aus dem 19. und 20. Jh. und das vorherige städtische Museum an der Piazza Bernardino Luini mit moderner und zeitgenössischer Kunst.

Antica Osteria del Porto ➡ J10
Via Foce 9, Lugano
✆ 091 971 42 00
www.anticaosteriadelporto.ch
Diese Osteria an der Flussmündung steht dort schon mehr als ein Jahrhundert mit noch älteren Platanen auf der Terasse. Heimische Gerichte von Risotti bis zu lokalen Fischen werden mit erlesenen italienischen Weinen kombiniert. €€

Grand Café Al Porto ➡ J10
Via Pessina 3, Lugano
✆ 091 910 51 30
www.grand-cafe-lugano.ch
Eintauchen in die altehrwürdige Welt der Kaffeehäuser – dieses ist seit mehr als 200 Jahren der Treffpunkt der Einheimischen zum Business-Lunch oder einfach nur zum Kaffee.

Ausflugsziele:

Gandria ➡ J10
Cantine di Gandria, Lugano
Pittoreskes Dorf am Luganersee mit nur 200 Einwohnern, die in

An der Piazza della Riforma in Lugano

Der Turm der Kathedrale San Lorenzo in Lugano

terrassenförmig errichteten Gassen wohnen. Das inzwischen zu Lugano eingemeindete Dorf lebt hauptsächlich vom Tourismus. Die hübschen Häuschen rund um die Kirche San Vigilio wurden im 17. Jh. in den steilen Felsen eingemauert. Am schönsten ist die Anreise von Lugano aus per Schiff.

Schweizer Zollmuseum ➡ J10
Cantine di Gandria
Lugano
✆ 091 910 48 11
www.zollmuseum.ch
April–Okt. geöffnet, Eintritt frei
Das Schweizerische Nationalmuseum dokumentiert im kleinen Zollmuseum in Gandria die Arbeit der Grenzwächter in diesem Zollbezirk.

Swissminiatur ➡ J10
Via Cantonale
Melide
✆ 091 640 10 60
www.swissminiatur.ch
Die Schweiz im Maßstab 1:25 mit mehr als 120 Häusern, Burgen und Kirchen sowie dreieinhalb Kilometern Schienen im Freilichtmuseum am Luganersee begeistert seit 1959 Jung und Alt.

Monte San Giorgio ➡ J10

Der 1097 Meter hohe Berg in der Mitte der beiden südlichen Ausläufer des Luganersees westlich von Mendrisio zählt seit 2003 zum UNESCO-Weltnaturerbe, später erweitert um den italienischen Teil. Vor allem die weltweit einzigartigen Fundstellen von 200 Millionen Jahre alten, vielfältigen Fossilien weckten das Interesse an dem Gebiet.

Museo dei Fossili del Monte San Giorgio ➡ J10
Via Bernardo Peyer 9
Meride
✆ 091 640 00 80
www.montesangiorgio.org
Auf vier Etagen zeigt das Fossilienmuseum eine Auswahl von versteinerten Pflanzen und Tieren

aus dem Gebiet vom Monte San Giorgio, darunter einen 2,5 m langen Dinosaurier Ticinosaurus.

Chalet San Giorgio ➡ J10
Via San Giorgio 24
Brusino Arsizio
✆ 091 996 21 55
www.chaletsangiorgio.ch
An einer Terrasse am Luganersee verwöhnt das Restaurant im rustikalen Chalet mit saisonaler Regionalküche bei traumhaftem Blick auf den Monte San Giorgio. €€

Valle Verzasca ➡ G/H9

Zum Bezirk Locarno gehört das wohl bekannteste Tal des Tessins, dessen Name auf den wilden Fluss Verzasca zurückgeht. Mehrere Wasserfälle und steil aufragende Hänge, an die sich einfache, graue Steinhäuser schmiegen, vermitteln einen sehr ursprünglichen Eindruck, der dank der schlechten Erreichbarkeit des 25 Kilometer langen Tals erhalten werden konnte.

Das Eingangstor ins Valle Verzasca bildet das Feriendorf **Tenero**. Beim Hauptort **Lavertezzo** steht die berühmte Brücke »Ponte dei Salti« aus dem 17. Jahrhundert mit zwei Bögen – einer der meist fotografierten Plätze im Valle Verzasca. Für Wanderer ist das wilde Tal ein einziges Eldorado: Fünf Schutzhütten teilen die anspruchsvolle Bergwanderung »Via Alta della Verzasca« in mehrere Tagesetappen ein.

Tourist Office Tenero e Val Verzasca ➡ H9
Via Brere 3 A
6598 Tenero
✆ 091 759 77 44
www.tenero-tourism.ch

Grotto Scalinata ➡ H9
Via Contra 60, Tenero
✆ 091 745 29 81
www.grottoscalinata.com
Gut 100-jähriges, rustikales Grotto mit authentischer Küche und selbst gebranntem Grappa. € ■

Die berühmte zweibogige Brücke »Ponte dei Salti« im Valle Verzasca

Schweiz in Zahlen und Fakten

Die Gesamtfläche der Schweiz beträgt 41 285 km², sie grenzt an Frankreich, Deutschland, Österreich, Liechtenstein und Italien auf einer Grenzlänge von 1899 km. Die Ausdehnung in Nord-Süd-Richtung beträgt maximal 220 km, von Westen nach Osten sind es 348 km. Der längste Fluss ist der Rhein mit einem Lauf von 375 km, der höchste Punkt ist die Dufourspitze mit 4634 m (dazu kommen 73 weitere Viertausender). Das Land ist eingeteilt in 22 Voll- und 4 Halbkantone. Größter Kanton hinsichtlich der Bevölkerung ist Zürich mit etwa 1,5 Millionen Einwohnern, nach Fläche ist es Graubünden mit 7107 km².

In der Schweiz leben 8,8 Millionen Einwohner, davon etwa 10 % in den Bergkantonen Wallis, Graubünden, Uri und Tessin, die gemeinsam 40 % der Fläche bilden. Die Bevölkerung teilt sich auf in 75 % Schweizer und 25 % Ausländer. Letztere kommen zu 15 % aus Italien, fast 14 % aus Deutschland, 11 % aus Portugal, 7 % aus Frankreich sowie je 5 % aus dem Kosovo und Serbien. 62 % der Bevölkerung sprechen Deutsch, 23 % Französisch, 8 % Italienisch, 0,5 % Rätoromanisch sowie 2,5 % andere Sprachen. Die Religionszugehörigkeit teilt sich auf in 34 % Katholiken, 22 % Reformierte, 6 % Muslime, 7% Sonstige und 31 % Konfessionslose.

Der heutige Bundesstaat entstand durch die Verfassung von 1848. Bemerkenswert ist die direkte Demokratie mit mehreren Volksabstimmungen pro Jahr. Die Schweiz ist weder Mitglied der Europäischen Union noch der NATO, hat jedoch einen Sitz in den Vereinten Nationen. Mit den EU-Staaten existieren bilaterale Verträge, dank derer gesuchte Fachkräfte viel einfacher in der Schweiz Arbeitsgenehmigungen erhalten als früher.

49 % aller Schweizer Haushalte verfügen über Breitband-Internetanschlüsse, was führend unter den Industrienationen ist. Das durchschnittliche Monatseinkommen beträgt CHF 6789 pro Haushalt. Die Erwerbslosenquote lag 2022 bei 2,2 %. Die Einkommensteuer ist wie viele andere Dinge je nach Kanton verschieden, der Kanton Zug gilt in diesem Sinne als Steuerparadies. Die Mehrwertsteuersätze liegen bei 7,7 % (normal) bzw. 3,7 % (Übernachtungen) und 2,5 % (Nahrungsmittel, Medikamente, Bücher).

Anreise, Einreise

EU-Bürger reisen mit einem mindestens drei Monate gültigen Personalausweis oder Reisepass ein. Angehörige bestimmter anderer Länder benötigen ein Visum zur Einreise, das in der Regel an den Grenzen nicht erstellt wird. Das jeweilige Konsulat erteilt darüber Auskunft.

Seit dem Beitritt in den **Schengenraum** Ende 2008 brauchen Reisedokumente an der Grenze nicht mehr vorgezeigt werden. Allerdings finden noch gelegentliche Warenkontrollen statt.

Mit dem Flugzeug

Der **internationale Flughafen Zürich** (www.flughafen-zuerich.ch) befindet sich 13 Kilometer nordöstlich der Stadt in Kloten und gilt als einer der beliebtesten mittelgroßen Flughäfen Europas mit ausgezeichnetem Serviceangebot und kurzen Wegen. Der zweitwichtigste internationale Flughafen ist der binationale **Euroairport Basel/Mulhouse/Freiburg** (www.euroairport.com) auf Schweizer Gebiet in Frankreich, danach folgt der **Flughafen Genf** (www.gva.ch) sowie **Bern-Belp** (www.bernairport.ch). In die Schweiz fliegen neben Swiss, Lufthansa und Austrian auch eine Reihe von Billigfliegern und Business Airlines.

Mit dem Zug

Züge aus Deutschland oder Österreich erreichen die wichtigsten Städte wie Basel, Bern und Zürich nicht nur am Tage, sondern auch nachts. So fährt der **Nightjet** grenzüberschreitend von der Schweiz unter anderem nach Deutschland und Österreich (www.nightjet.com). Neben den nationalen Schweizerischen Bundesbahnen (SBB, www.sbb.ch) unterhalten die privatisierten Gesellschaften interessante Züge. Berühmte Beispiele sind der **Glacier Express** und der **Bernina Express** auf dem Gleisnetz der Rhätischen Bahn (RhB, www.rhb.ch) im Bündnerland oder der **GoldenPass Express** – der Nachfolger des ersten Panoramazugs der Welt fährt von Interlaken nach Montreux (www.gpx.swiss).

Für Bahnliebhaber ist die Schweiz ein Paradies: perfekt abgestimmter Taktfahrplan und ausgezeichnetes Rollmaterial vom modernen S-Bahn-System über den Neige-InterRegio bis zum Doppelstock-InterCity machen das Bahnfahren angenehm. Die Hochgeschwindigkeitszüge der Nachbarländer ICE und TGV erreichen die größeren Städte. Ein Tipp: Bei grenzüberschreitenden Fahrten mit Abfahrt noch in der Schweiz wird das Halbtax-Abo (ähnlich der deutschen BahnCard) auch auf deutschem oder österreichischem Boden angewandt – das gilt auch andersherum. Häufig können Velos (Fahrräder) mitgenommen werden.

Mit dem Auto

Vgl. »Automiete/Autofahren«

Mit dem Reisebus

Von vielen Städten in Deutschland und Österreich fahren regelmäßig günstige Linienbusse in Schweizer Metropolen; von vielen Schweizer Orten aus werden regelmäßig Ausflüge nach Colmar, Nürnberg, Straßburg und auch in andere Städte angeboten. Innerhalb der Schweiz verkehren Überlandbusse als Ergänzung zur Eisenbahn in speziellen Linien unter der Regie der Post, daher werden die gelben Busse »Postauto« genannt.

Auskunft

[i] Schweiz Tourismus
– Postfach 16 07 54
D-60070 Frankfurt/Main
– Postfach 695, 8027 Zürich
– Postfach 34, A-1015 Wien
✆ 00800 100 200 30
www.myswitzerland.com
Jeder größere Ort verfügt über eine lokale Tourist Information, die wichtigsten sind in den einzelnen Kapiteln aufgeführt.

Automiete, Autofahren

Die international bekannten Autovermieter wie Avis, Europcar, Hertz und Sixt sind in größeren Städten und an den Flughäfen vertreten, ergänzt um wenige günstigere Lokalanbieter. Viele Schweizer haben kein Auto, sondern nutzen die CarSharing-

Praktischer Exportartikel: das berühmte Schweizer Taschenmesser

Genossenschaft »Mobility« mit mehr als 1500 Standorten im Land (www.mobility.ch).

Die Benutzung von Autobahnen und Kraftfahrstraßen außerhalb geschlossener Ortschaften ist nur mit einer Vignette möglich, die an allen Tankstellen und Postämtern auf Schweizer und im grenznahen Gebiet erhältlich ist. Der Preis für die Vignette ist seit Jahrzehnten konstant und liegt 2024 bei CHF 40 für ein ganzes Jahr.

Die Höchstgeschwindigkeiten betragen für PKW und Motorräder 50 km/h im Stadtverkehr, 80 km/h auf Straßen außerhalb geschlossener Ortschaften und 120 km/h auf Autobahnen und Kraftfahrstraßen. Auf den Autobahnen und in den Städten finden häufig Radarkontrollen statt, in Zürich sind sie gar ein einträglicher Geschäftszweig.

Aufgrund der vielen Tunnel ist es inzwischen Pflicht, das Abblendlicht stets einzuschalten. Die grüne Versicherungskarte sollte mitgeführt werden. Die Promillegrenze beträgt wie in Deutschland 0,5 statt wie früher 0,8. Achtung: Geldbußen für schwerwiegende Verkehrsvergehen werden abhängig vom Einkommen festgesetzt.

Diplomatische Vertretungen

i Deutsche Botschaft Bern
Willadingweg 83
3005 Bern
✆ 031 359 41 11
www.bern.diplo.de

i Österreichische Botschaft
Kirchenfeldstr. 77
3005 Bern
✆ 031 356 52 52
www.bmeia.gv.at/bern

i Schweizer Botschaft
Otto-von-Bismarck-Allee 4 A
D-10557 Berlin
✆ +49 30 390 40 00
www.eda.admin.ch/berlin

i Schweizer Botschaft
Prinz Eugen-Str. 9 A
A-1030 Wien
✆ +43 1 795 05
www.eda.admin.ch/wien

Einkaufen

In der Schweiz gibt es grundsätzlich Ähnliches zu kaufen wie in den Nachbarländern, natürlich mit entsprechendem Einschlag im deutschen, französischen oder italienischen Teil. Durch die niedrige Mehrwertsteuer müsste eigentlich alles günstiger sein als im Ausland. Das ist jedoch in der Regel nicht der Fall, weil internationale Firmen entweder entsprechend der Währung gleichwertige Preise propagieren oder aber der Import manche Produkte wie beispielsweise Zeitschriften oder Lebensmittel und Haushaltsartikel verteuert.

Seit der Aufhebung des Euro-Mindestkurses Anfang 2015 strömen viele Bewohner der Schweiz in die Nachbarländer, gleichzeitig locken viele Anbieter mit Rabatten ihre Kunden zurück ins Land.

In der Schweiz gibt es natürlich auch zahlreiche einheimische Produkte. Wer kennt nicht die berühmten patentierten Sackmesser (die nur im Ausland Taschenmesser heißen), stolperte nicht schon über alles Mögliche mit weißem Schweizer Kreuz auf rotem Grund oder erfreute sich an Kuhglocken oder Edelweißpullovern?

Die Schweiz steht im Ausland natürlich auch für Uhren von Longines bis Swatch, leckere Schokolade wie Toblerone und den unvermeidlichen guten Käse. Wer sich für Handwerkskunst interessiert, wird beim Schweizer Heimatwerk fündig, das in jeder größeren Stadt eine Niederlassung unterhält (www.heimatwerk.ch).

Essen und Trinken

Es gibt zwar Restaurants im Land, die behaupten Schweizer Küche zu servieren, doch eigentlich gibt es gar keine reine »Schweizer Chuchi«. Die Nähe zu den Nachbarstaaten hat über die Jahrhunderte großen Einfluss auf die helvetischen Gerichte gehabt. Viele Schweizer Köche konnten im Ausland große Erfolge erzielen und Preise einheimsen.

Dennoch fallen jedem Besucher sicherlich schon vor der Reise einige typische Schweizer Gerichte ein. Zuallererst vermutlich **Fondue**: Das Gesellschaftsessen wird besonders in den Bergregionen in verschiedenen Variationen von Fleisch- und Käsefondue über Tomaten- oder Schokifondue gereicht. Ein weiteres berühmtes Gericht ist **Raclette**, wobei der Begriff eigentlich den Schaber bezeichnet, mit dem der zerlaufene Käse von der erhitzten Schaufel abgeschabt und auf den Teller geschoben wird. Raclette ist vor allem im Wallis verbreitet und wird nicht selten von begeisterten Besuchern später in der Heimat wiederholt. Ansonsten schmecken die **Käsesorten** auch im nicht geschmolzenen Zustand. Die bekanntesten Sorten sind der Greyerzer (Gruyère), Appenzeller, Emmentaler und der Hobelkäse.

Aus Graubünden kommen die gute **Bündner Gerstensuppe** und das trockene **Bündner Rauchfleisch**, hauchdünn geschnittenes, luftgetrocknetes Rindfleisch. Aus der Wirtschaftsmetropole kommt **Zürcher Geschnetzeltes mit Rösti**, den bekannten fein geriebenen Kartoffeln. Apropos: Im Schwyzerdütsch werden Kartoffeln *Herdöpfel* genannt, Pellkartoffeln dagegen *Gschwellti*.

Aus dem Tessin kommt die **Polenta** aus Mais, die für viele Fleischgerichte eine ideale Beilage darstellt. Der häufigste Fisch auf der Speisekarte ist das **Eglifilet**, ein Süßwasserbarsch. Spezielle Teigwaren sind die *Älplermaggronen*. Sie werden mit Vermicelles oder leckeren *Apfelchüechli* als Dessert gereicht.

Auch die täglichen **Mahlzeiten** haben ihre besonderen Namen: Das Frühstück wird *Zmorge* genannt und ist häufig nur ein Kaffee mit einem *Gipfeli* (welches der Rest der Welt Croissant nennt), darauf folgt das *Zmittag* z. B. mit den genannten Gerichten, zum Nachmittag gibt es ein *Zvieri* (die Bayern würden Vesper sagen). Und Nachtessen klingt doch besser als Abendbrot. Übrigens nicht wundern, wenn die Serviertochter (Kellnerin) den Teller mit den Worten »'s isch heiss« bringt;

Ein Besuch in der Schweiz ist ohne ein gutes Käsefondue undenkbar

Luzerner Fasnacht

schnell gesprochen könnte es etwas ganz anderes bedeuten.

Die Schweizer trinken dazu meist **Wein**, gern auch aus ihren eigenen Anbaugebieten am Genfer und Neuenburger See, vom Tessin und aus dem Rhônetal. **Bier** wird vorzugsweise in einer *Beiz* (Bierstube, Kneipe) getrunken, die bekannteste einheimische Sorte ist Feldschlösschen aus der Nähe von Basel. Cocktails und andere Alkoholika werden in den Bars cool genippt, wenn man »in den Ausgang geht« (abends ausgeht). Der auch »Grüne Fee« genannte **Absinth** stammt übrigens nicht aus Frankreich, sondern aus dem Val de Travers im Kanton Jura. Längst darf er in der Schweiz wieder offiziell angeboten und verkauft werden, allerdings ohne die hohe Dosis des einst berüchtigten Thujon.

Feiertage, Feste, Veranstaltungen

Gesetzliche Feiertage sind **Neujahr** (1. Januar), **Karfreitag, Ostermontag, Auffahrt** (Christi Himmelfahrt), **Pfingstmontag, Nationalfeiertag** (1. August) und **Weihnachten** (25. und 26. Dezember). Viele weltliche und konfessionelle Feiertage werden nur in einigen Kantonen oder Gemeinden begangen: **Berchtoldstag** (2. Januar), **Tag der Arbeit** (1. Mai), **Fronleichnam, Mariä Himmelfahrt** (15. August), **Allerheiligen** (1. November) und **Mariä Empfängnis** (8. Dezember).

Durch die bewusst gepflegten Eigenheiten der Kantone haben sich sehr verschiedene Festivitäten gehalten. So wird im Februar in der Innerschweiz und nach dem Aschermittwoch in Basel **Fasnacht** gefeiert, im April **Sechseläuten** in Zürich, im Juli werden **Schwingfeste** in der Innerschweiz abgehalten. Am Nationalfeiertag am 1. August gibt es überall Bundesfeiern, vor allem auf der Rütliwiese. In Genf wird im August das **Fêtes de Genève** gefeiert, während Zürich im selben Monat bis zu eine Million Raver bei der Street Parade begrüßt. Im September darf die Jugend beim **Knabenschießen** in Zürich erstmals ran, während der November den **Volksfesten** in Basel (Herbstmesse) und Bern (Zibelimärit) vorbehalten bleibt. **Nikolausumzüge** schließen am 6. Dezember den hier nur grob ausgeführten Festtagskalender ab.

Geld, Kreditkarten

Gesetzliches Zahlungsmittel ist der Schweizer Franken (CHF). Ein Franken entspricht 100 Rappen, die in der Westschweiz Centimes genannt werden. Es gibt Banknoten zu 10, 20, 50, 100, 200, 500 und 1000 Franken, Münzen zu 1, 2, 5 und einem halben Franken sowie 5, 10 und 20 Rappen. Zum **Wechselkurs**: CHF 1 entspricht etwa € 1,06 bzw. € 1 kommt auf CHF 0,95 (Stand: Februar 2024). Viele Geschäfte im ganzen Land nehmen auch Euro-Banknoten an, das Wechselgeld wird jedoch in Franken herausgegeben.

Die Banken haben in der Regel unter der Woche von 9 bis 16.30

Uhr geöffnet, häufig am Donnerstag etwas länger und am Freitag kürzer. Am besten holt man Geld aus dem Automaten per Maestro-Karte (früher EC-Karte). Der Kurs ist sehr günstig, jedoch wird pro Abbuchung unabhängig von der Höhe des abgehobenen Betrags eine Pauschalgebühr erhoben. Praktisch jede Bank führt einen Bankomaten, häufig übrigens auch zum Einzahlen. Die gängigen Kreditkarten MasterCard, Visa und American Express werden in den meisten Geschäften, Restaurants und Hotels akzeptiert.

Hinweise für Menschen mit Handicap

Die Schweiz ist durch die mittelalterlichen Stadtkerne wie in Bern oder Luzern auf den ersten Blick nicht besonders für Menschen mit Rollstühlen geeignet. Doch die Mehrheit der öffentlichen Gebäude und Hotels ist längst barrierefrei umgerüstet worden. Wer sich näher über passende Unterkünfte informieren möchte, ist bei **Procap-Reisen**, einem Spezialanbieter für Menschen mit Handicap, richtig:

i Procap Schweiz ➡ C7
Frohburgstr. 4, 4600 Olten
✆ 062 206 88 88
www.procap.ch

Internet

Informative Websites zur Schweiz sind u. a.:
Wetter- und Bergsteiger-Infos: www.meteoschweiz.ch
Erlebnisse: www.ausflugsziele.ch; www.foxtrail.ch
Nachtleben: www.nightlife.ch
Veranstaltungskalender: www.swisstopevents.ch
Webcams in Hunderten von Orten: www.swisswebcams.ch
Lokale Suchmaschine: www.search.ch
Adressen mit Kartenanzeige: map.search.ch
Telefonnummern: tel.search.ch
Hotellerieverband: www.swisshotels.com
Backpackerinfos: www.swisshostels.com
In den meisten Hotels und vielen Restaurants und Cafés ist die Nutzung von WLAN/WiFi gratis. Internetcafés gibt es kaum noch, da jeder heutzutage sein eigenes Gerät – ob Smartphone, Tablet oder Laptop – dabeihat.

Klima, Kleidung, Reisezeit

Das Klima in der Schweiz hängt maßgeblich von den Alpen ab. Die nordwestliche Seite ist teilweise noch vom rauen Atlantik bestimmt, während südlich des Gotthards mediterranes Klima herrscht. Im Sommer werden in der Sonnenstube Tessin daher häufig mehr als 30°C gemessen, im Winter geht das Thermometer z. B. im Bündnerland deutlich unter den Gefrierpunkt. Zur selben Zeit kann es in Lugano sehr heiß und im ungleich höher gelegenen St. Moritz ziemlich kalt sein. Nicht selten lohnt sich bei übermäßiger Sommerhitze der Weg in die Berge, am Furkapass und anderswo ist auch im August mit Schneefall zu rechnen.

Die Schweiz ist aufgrund ihrer Vielfalt zu jeder Jahreszeit eine Reise wert. Die **Sommersaison** dauert von etwa Mitte Mai bis Ende Oktober, die Wintersaison beginnt Mitte Dezember bzw. mit einsetzendem Schneefall und dauert etwa bis kurz vor Ostern. Die Wintersportorte sind außerhalb der Saison häufig leer und fast alle Einrichtungen sind geschlossen. Eventuell geschlossene Passstraßen werden weiträumig vorher angekündigt.

Medizinische Versorgung

Auch wenn inzwischen Sozialabkommen mit Deutschland, Österreich und anderen EU-Staaten bestehen, empfiehlt sich der Abschluss einer **Reisekrankenversicherung**. Es kann nämlich immer noch vorkommen, dass ohne eine solche Versicherung ein Krankenhausaufenthalt zunächst per Kreditkarte auszulegen ist. Die ärztliche Versorgung in den Metropolen und den Bergorten ist außerordentlich gut. An jeder durch ein grün leuchtendes Kreuz gekennzeichneten **Apotheke** ist ein Hinweis zu finden, welche Apotheke in der Umgebung im Notfall aufzusuchen ist.

Mit Kindern in der Schweiz

Ein Familienurlaub kann in der kinderfreundlichen Schweiz angenehm gestaltet werden. Ski- und Rodelmöglichkeiten in den Bergen, Fahrradtouren in herrlicher Landschaft, spezielle Kinderprogramme in vielen Hotels, Spielabteile in manchen InterCity-Zügen und einige Zoos ermöglichen abwechslungsreiche Ferien. Schweiz Tourismus (vgl. S. 83) gibt gern weitere Auskünfte.

Nachtleben

Aktuelle Infos zu Konzerten, Bars, Clubs und Veranstaltungen jeder Art stehen mit Adressen in den lokalen Veranstaltungsmagazinen, die in den Tourist Informationen oder auch in vielen Restaurants ausliegen. Ein szenemäßiges Nachtleben mit trendigen Bars, angesagten Discos sowie Konzerten mit nationalen und internationalen Künstlern gibt es natürlich vor allem in den größeren Städten wie Basel, Bern, Genf, Lausanne, Luzern und Zürich.

Notfälle, wichtige Rufnummern

Euronotruf: ✆ 112
Erste Hilfe: ✆ 144
Polizei: ✆ 117
Feuerwehr: ✆ 118
Pannendienst: ✆ 140 (Touring Club Schweiz, TCS)
Telefonauskunft: ✆ 1811
Zuginformation: ✆ 0900 300 300
Flughafeninformation:
Zürich ✆ 043 816 22 11, Basel ✆ 061 325 31 11, Bern ✆ 031 960 21 11, Genf ✆ 022 717 71 05
Verlust von Kreditkarten:
MasterCard ✆ 0800 897 092, Visa ✆ 0800 894 732, American Express ✆ 044 384 66 66, Diners Club ✆ 058 750 81 81
Allgemeiner Sperrnotruf (Kredit-, Maestro-, SIM-Karten etc.): ✆ +49 116 116 und +49 30 40 50 40 50. Weitere Informationen unter www.sperr-notruf.de

Öffnungszeiten

Bei den Öffnungszeiten ist die Schweiz noch immer eher restriktiv. In den meisten Geschäften kann man unter der Woche von 9 bis 18 und samstags bis 13 Uhr einkaufen. In den großen Städten haben die Läden werktags teilweise bis 20 und am Samstag bis 18 Uhr geöffnet. Am Sonntag wird nur in wenigen Ferienorten sowie am Zürcher Flughafen verkauft.

Post, Briefmarken

Die Farbe der Post in der Schweiz ist gelb. Briefe werden unterschieden in A-Post (am nächsten Tag da, kostet im Inland CHF 1,10) und B-Post (dauert etwas länger, 90 Rappen). Ins Ausland kosten europäische Abmessungen bis 20g CHF 1,80 (Priority-Zustellung) oder bis 50g CHF 2,90. Postämter haben in der Regel je nach Standort unter der Woche von 8 bis 12 und von 14 bis 18 sowie am Samstag von 8 bis 12 Uhr geöffnet.

Presse

In den größeren Städten liegen zweisprachige Broschüren mit Veranstaltungskalender in Restaurants, Kinos und an den Rezeptionen vieler Hotels aus. In Zürich werden die größten Tageszeitungen verlegt: der »Tages-Anzeiger« (»Tagi«) deckt hauptsächlich die Wirtschaftsmetropole und Umgebung ab, die landesübergreifende »Neue Zürcher Zeitung« (NZZ) entspricht im Niveau etwa der »Frankfurter Allgemeinen«, dazu gibt es die Pendlerzeitung »20 min« in mehreren Städten sowie die Boulevardblätter »Blick« in der Deutschschweiz bzw. »Le Matin« in der Romandie.

Rauchen

Das Rauchen in öffentlichen Gebäuden, an den Haltestellen und in den Fahrzeugen der öffentlichen Verkehrsmittel sowie in kulturellen Einrichtungen ist nicht gestattet. Die Kantone haben unterschiedliche Vorschriften erlassen, in manchen herrscht grundsätzliches Rauchverbot in Gastronomiebetrieben, jedoch können zusätzliche Raucherräume geschaffen werden.

Sicherheit

Man kann sich in der Schweiz ziemlich sicher fühlen, auch wenn nur selten Polizeiwagen zu sehen sind. Die sind übrigens weiß mit orange oder pink, also ganz anders als in den Nachbarländern. Sogar in Zürich kann man seinen Rolls-Royce bedenkenlos im Zentrum am Straßenrand »parkieren«.

Baumwipfelklettern in schwindelerregender Höhe in Ätzmannig

Sport und Erholung

Die Sportbegeisterung in der Schweiz ist traditionell sehr groß. Viele Weltsportverbände von der FIFA bis zum Olympischen Komitee haben ihren Hauptsitz in der Schweiz. Die beliebtesten Sportarten sind Eishockey, Fußball und Tennis. Viele Sportler sind weltberühmt: Man denke nur an die beiden Tennisprofis Roger Federer und Stanislaw Wawrinka oder die Behinderten-Leichtathletin Edith Hunkeler. Spieler wie Xherdan Shaqiri oder Granit Xhaka sorgen im Fußball für Furore. Der Fußball zieht in der Schweiz die Scharen allerdings noch nicht so sehr ins Stadion wie in den umliegenden Ländern. Nicht wegzudenken ist die Schweiz auf der Liste der besten **Skiorte**; Namen wie Zermatt, Saas-Fee und St. Moritz lassen so manches Skifahrerherz schneller schlagen.

Nicht wenige Einheimische frönen dem Alpinsport allerdings lieber in Österreich oder Frankreich, weil es in diesen Ländern günstiger ist und auch der Service häufig eine Spur besser ist als daheim. Seit vielen Jahren wird zudem in herrlicher Landschaft auf mehr und mehr **Golfplätzen** gespielt, nicht selten wegen der dort gepflegten Businesskontakte. Typisch einheimisch ist **Schwingen**, insbesondere in der Innerschweiz sorgt diese dem Ringen ähnliche Sportart für große Volksfeste. Neuigkeiten über den Sport aus Schweizer Sicht gibt es auf www.sport.ch.

Sprache

Die Schweiz ist ein multikulturelles Land mit einem Ausländeranteil von 24 %. Die offiziellen Landessprachen sind 62 % Deutsch, 23 % Französisch, 8 % Italienisch und 0,5 % Rätoromanisch. Mit Französisch- und Italienischkenntnissen kann man problemlos den Menschen in den jeweiligen Landesteilen folgen. **Rätoromanisch** wird nur von etwa 35 000 Menschen in der Bergwelt Graubündens als Hauptsprache angewandt. Die auf dem Lateinischen basierende alte Sprache kommt je nach Tal in fünf recht verschiedenen Dialekten vor. Beispielsweise im Ort Disentis können Gäste einen guten Eindruck vom Rätoromanischen gewinnen.

In der Deutschschweiz werden von Kanton zu Kanton bzw. von Gemeinde zu Gemeinde unterschiedliche Mundarten gesprochen. Diese sind weitere Abwandlungen alemannischer Dialekte ähnlich wie in Liechtenstein, Vorarlberg oder im Elsass. **Schweizerdeutsch** wird nur gesprochen und offiziell nicht geschrieben, abgesehen von formloser Kommunikation in E-Mails oder Kurznachrichten. Das Züridütsch gilt noch als harmlose Abwandlung des Schweizerdeutsch, in Bern lassen sich die Bürger wesentlich mehr Zeit beim Ausmalen der Vokale, in Basel oder Luzern klingt es wieder anders. Am schwierigsten ist die Bergbevölkerung im Wallis zu verstehen, auch für viele Schweizer.

Generell verwenden die Schweizer ihre Mundart als Dialog- bzw. Umgangssprache und wechseln mit Deutschen und Österreichern automatisch ins »Schriftdeutsch« (Hochdeutsch sagt man nicht), fühlen sich dann aber benachteiligt.

Das vielleicht bekannteste Wort im Schwyzerdütsch ist *Chuchichäschtli* (Küchenkasten). Schon die Begrüßung *Grüezi* spricht man nicht »Grützi« aus und man sollte sie eigentlich erst dann anwenden, wenn ein Schweizer die richtige Aussprache bestätigt hat.

Strom

Das Schweizerische Stromnetz ist grundsätzlich nicht anders als das in Deutschland und in Österreich, basiert also auf einer Spannung von 230 Volt bei 50 Hertz. Die flachen Eurostecker passen problemlos in die Schweizer Steckdosen.

Da der dreipolige Schweizer Stecker wie ein Eurostecker mit einer dritten Stange aussieht, passen die in Deutschland und Österreich üblichen Schukostecker natürlich nicht. In manchen Hotels sind Adapter erhältlich, auch in vielen Supermärkten und Kaufhäusern.

Telefonieren

Alle Festnetzanschlüsse bestehen aus einer dreistelligen Vorwahl inklusive 0 vorweg (letztere ist vom Ausland aus wegzulassen, die Vorwahl muss auch innerorts immer mitgewählt werden) plus siebenstelliger Nummer. Kürzer sind die Servicenummern beginnend mit 1, Gratisnummern mit 0800 sowie kostenpflichtige Dienste mit 0842, 0848 oder 0900.

Eine Besonderheit: In der Schweiz gibt es noch einige wenige **»Telecabs 2000«**, gläserne, schalldichte Zylinder. Hier sind Inlandsanrufe, Business- und Sondernummern ausgenommen, kostenlos, Anrufe ins Ausland erfolgen mit Calling Card. Telefonieren vom Hotelzimmer oder von der Rezeption aus kann teuer werden. Die Betreiber der **Mobilfunknetze** sind Swisscom, Sunrise und Salt. Achtung: In der Schweiz gelten die EU-Roamingkonditionen nicht.

Die **internationale Vorwahlkennziffer** ist nach Deutschland

✆ +49, nach Österreich ✆ +43 und nach Liechtenstein ✆ +423. Die Vorwahl von diesen Ländern aus in die Schweiz ist ✆ +41. Die **Inlandsauskunft** ist zu erreichen unter ✆ 1811.

Trinkgeld

Die auf den Speisekarten angegebenen Preise sind grundsätzlich Inklusivpreise, beinhalten also neben der Mehrwertsteuer auch den Service. Trotzdem kann man bei Zufriedenheit den Betrag um bis zu 10 % aufrunden, auch wenn die Kellner dies zumindest von Einheimischen nur im begrenzten Maße erwarten. Auch freundlichen Taxifahrern, Friseuren und örtlichen Reiseleitern gibt man gern einen kleinen Obolus.

Unterkunft

Grundsätzlich bietet die Schweiz eine Vielfalt an Unterkünften vom Campingplatz über Bauernhöfe bis zu kleinen Pensionen, stattlichen Kurhäusern und Luxushotels. Man rühmt sich sogar, einst die Luxushotellerie angeführt zu haben. Leider ist davon häufig nicht mehr viel zu spüren, zu lange wurde der Status quo beibehalten, weil der Touristenstrom ohnehin nicht nachließ. Inzwischen kommt jedoch frischer Wind in die Hotelszene, da der Konkurrenzdruck wächst und der starke Franken Kreativität erfordert.

Auf dem Lande sind die Preise häufig günstiger, nicht selten ist dort ein Doppelzimmer für unter CHF 150 pro Nacht zu haben. Das Frühstück ist in der Regel inklusive und der Preis wird pro Zimmer und nicht pro Person angegeben. Großstädte wie Zürich, Genf und Basel haben ein sehr hohes Preisniveau. Ein Vergleich vor der Buchung lohnt sich auf jeden Fall.

Verkehrsmittel

In praktisch allen größeren Orten verkehren **Linienbusse**, häufig als Oberleitungsvariante, und **Straßenbahnen** (das Tram); eine **Metro** gibt es nur in Lausanne. Zum Öffentlichen Verkehr (ÖV) gehören fast überall **Bahn** und **Postauto** sowie die **Linienschiffe** an den Seen.

Taxis haben in der Schweiz keine einheitliche Farbe, aber immer ein großes Schild auf dem Dach. Da Taxifahren sehr teuer ist, fahren sie selten frei herum und sollten bei Bedarf von der Hotelrezeption gerufen werden. Zu Zugfahrten und Fahrten mit dem Postauto vgl. »Anreise« S. 82 f.

Zeitzone

Die Schweiz liegt in der mitteleuropäischen Zeitzone (MEZ) und verhält sich bezüglich der Sommer- und Winterzeit genauso wie die umliegenden Länder.

Zoll

Die Schweiz gehört bekanntlich nicht der EU an und ist daher nicht Teil des europäischen Wirtschaftsraums mit seinem unbegrenzten Warenverkehr. Zahlungsmittel können freilich in unbegrenzter Höhe ein- und ausgeführt werden. Waren ab CHF 500 können bei der Ausreise von der ohnehin niedrigen Mehrwertsteuer in Höhe von 7,7 % befreit werden, entsprechende Formulare sind in vielen Geschäften erhältlich.

Seit den bilateralen Verträgen ist die Einfuhr von Waren und Geschenken pro Person bis CHF 300 zollfrei. Ansonsten gilt das übliche Limit von 250 Zigaretten bzw. 50 Zigarren oder 250 g Rauchtabak, fünf Liter Wein oder Bier bzw. einem Liter Spirituosen. ■

Die **fetten** Seitenzahlen verweisen auf ausführliche Erwähnungen, *kursiv* gesetzte Begriffe bzw. Seitenzahlen beziehen sich auf den Service.

& INFO GUIDES

…arte und E-Book inside

NEU 2024

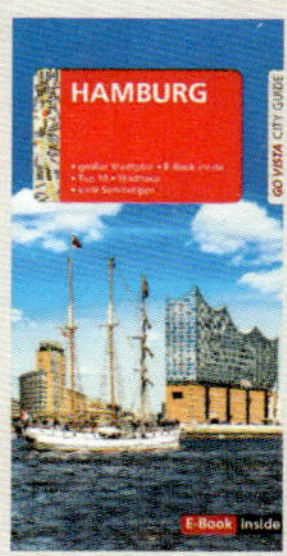

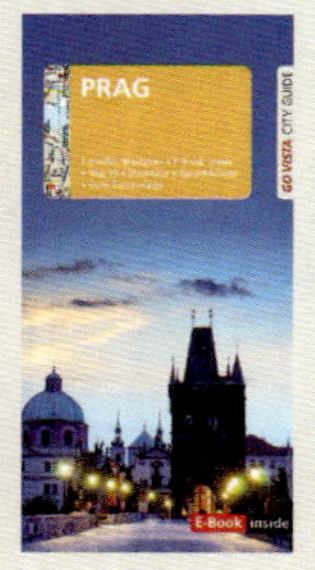

- mit E-Book zum Download
- Top 10
- alle Highlights der Destination
- Vorschläge für eine oder mehrere Stadttouren
- Tipps zu Essen und Trinken, Nightlife, Shopping, Kultur, Sport etc.
- Chronik mit Daten zur Geschichte
- reisepraktische Hinweise
- Sprachführer (in ausgewählten Titeln)
- ausfaltbare Karte
- Format 11 x 21,5 cm
- 96 oder 144 Seiten

E-Book inside

info@vistapoint.de · www.facebook.de/vistapoint

Adobe Stock/Eva Bocek: S. 4/5
AlpTransit Gotthard AG: S. 9
Augusta Raurica, Augst: S. 56
Bern Tourismus: S. 37
Christof Sonderegger, Rheineck: S. 1 (Schmutztitel)
Ente Turistico Lago Maggiore, Locarno/ Massimo Pedrazzini: S. 3 r., 75
Fotolia/Andrea Seemann: S. 83; Bergfee: S. 68; bofotos: S. 69; Edith Koelzer: S. 45; Gunter Fischer: S. 63; hachri: S. 33 u.; Isabelle Barthe: S. 24; Kalle Kolodziej: S. 33 o.; michaklootwijk: S. 65; phraner: S. 67 o.; Ralf Kabelitz: S. 3 Mitte, 50; Roland Zihlmann: S. 3 o. l., 38 o.; Sébastien Nestolat: S. 54; Sunlove: S. 77 u.; Udo Ingber: S. 86
Gerold Jung, Ottobrunn: S. 2 Mitte, 21, 42, 47, 71
Graubünden Ferien: S. 66
Gunnar Habitz: S. 32
iStockphoto/aimintang: S. 41; Andreas Zerndl: S. 2 o. l., 13; aprott: S. 15; AscentXmedia: S. 40; bluejayphoto: S. 22; Buba1955: S. 51; dnaveh: S. 39; Elenarts: S. 52; eurotravel: S. 78; focus: S. 84; johndavies: S. 28; irisphoto2: S. 25; Kitano: S. 58; Konstantin Sutyagin: S. 76; Leonid Andronov: S. 80 o.; mseidelch: S. 23; narvikk: S. 62; Oks_Mit: S. 27; PatrickHutter: S. 60, 61; photogearch: S. 17; Ron Sumners: S. 55; Sara Winter: S. 70; Stephane_Jaquemet: S. 46 u.; suteracher: S. 44; Uroš Medved: S. 74; Victor Pelaez: S. 34; Viktor Cap: S. 14; VogelSP: S. 77 o.
Julius Silver, Wien: S. 2, 26, 4/5, 48, 72
Laténium, Neuchâtel: S. 31
Markus Kirchgeßner, Frankfurt/M.: S. 12, 67 u.
Museum Aargau: S. 59
Peter Bachhuber, Rottach-Egern: S. 79
Shutterstock/Alexander Chaikin: S. 43; Fadhli Adnan: S. 85
Siegfried Kuttig, Lüneburg: S. 53
Stiftsbibliothek St. Gallen/Erwin Reiter (Deutschland): S. 64
Switzerland Tourism/swiss-image.ch: S. 20
VISTA POINT Verlag (Archiv), Rheinbreitbach: S. 6 o., 6 u., 7 o., 7 u., 8
Wikipedia/Marc Mongenet: S. 82; Yann: S. 35
Wikipedia (CC BY-SA 3.0)/Picsinfusion: S. 29; Roland_zh: S. 15 o.
www.pixelio.de: S. 11 o., 38, 57, 73, 80 u./81 u.
Zentrum Paul Klee/Hans Schürmann: S. 36
Zürich Tourismus: S. 30; Manuel Bauer: S. 11 u., 18; Elisabeth Real: S. 16, 19 o., 19 u.; Valeriano Di Domenico: S. 89

Schmutztitel (S. 1): Bernhardiner vor der unverkennbaren Silhouette des Matterhorns
Seite 2/3 (v.l.n.r.): Augustinergasse in Zürich, Heißluftballonflug über Château-d'Œx, Château de Chillon am Genfersee; St. Ursenkathedrale in Solothurn, Kapellbrücke in Luzern, Jazzfestival in Ascona

Reihenkonzeption: Andreas Schulz & Vista Point-Team
Bildredaktion: Bettina Hamann
Lektorat: JB Bild | Text | Satz, Berlin
Layout: Sandra Penno-Vesper, Potsdam
Reproduktionen: Noch & Noch, Datteln
Kartographie: Huber Kartographie GmbH
Gesamtherstellung: VISTA POINT Verlag GmbH, Rheinbreitbach

ISBN 978-3-96141-746-9

An unsere Leserinnen und Leser!
Die Informationen dieses Buches wurden gewissenhaft recherchiert und von der Verlagsredaktion sorgfältig überprüft. Nichtsdestoweniger sind inhaltliche Fehler nicht immer zu vermeiden. Für Ihre Korrekturen und Ergänzungsvorschläge sind wir daher dankbar.

VISTA POINT Verlag
Rolandsecker Weg 30 · 53619 Rheinbreitbach
Telefon: +49 (0)2224/7795-0 · Fax: +49 (0)2224/7795-100
info@vistapoint.de · www.vistapoint.de